Klett Lektürehilfen

Franz Kafka

Die Verwandlung

Interpretationshilfe für Oberstufe und Abitur

von
Wolf Dieter Hellberg

Klett Lerntraining

Wolf Dieter Hellberg, ehemaliger Leiter eines Bonner Gymnasiums und mehrjähriger Fachleiter in der Lehrerausbildung (Deutsch)

Die Textzitate folgen der Ausgabe: Franz Kafka: Die Verwandlung. Durchgesehene Ausg. Stuttgart: Reclam, 2016.

Bibliografische Information der deutschen Nationalbibliothek
Die Deutsche Nationalbibliothek verzeichnet diese Publikation in der Deutschen Nationalbibliografie; detaillierte bibliografische Daten sind im Internet über http://dnb.dnb.de abrufbar.

Dieses Werk folgt der reformierten Rechtschreibung und Zeichensetzung. Ausnahmen bilden Texte, bei denen künstlerische, philologische oder lizenzrechtliche Gründe einer Änderung entgegenstehen.

2. Auflage 2020

www.klett-lerntraining.de; kundenservice@klett-lerntraining.de
Kapitel Schnellcheck: Klett Lerntraining, Stuttgart
Umschlagfoto: bpk, Berlin
Satz: DOPPELPUNKT, Stuttgart
Druck: medienhaus Plump GmbH, Rheinbreitbach
Printed in Germany
ISBN 978-3-12-923145-6

1 Inhaltsangabe und erste Deutungsaspekte

2 Analyse und Interpretation

3 Schnellcheck

4 Prüfungsaufgaben und Lösungen

1 Inhaltsangabe und erste Deutungsaspekte

Die Handlung

Erster Teil

KURZINFO

Eine Reihe dramatischer Ereignisse

- Im ersten Teil werden die ersten Stunden nach Gregors Verwandlung geschildert, dabei stehen seine äußere Verwandlung, die Erinnerung an seine Tätigkeit als Handelsreisender und an die widrigen Umstände seines Berufs im Vordergrund.
- Das Geschehen entwickelt eine starke Dynamik und ist gekennzeichnet durch eine Folge von dramatischen Ereignissen: Es beginnt mit der für alle unerwarteten und erschreckenden Verwandlung Gregors und endet mit der aggressiven Verfolgung durch den Vater.
- In Gestalt des Prokuristen dringen die berufliche Vergangenheit Gregors und die feindliche Außenwelt in die Welt der Familie Samsa ein.

Der Käfer

„Als Gregor Samsa eines Morgens aus unruhigen Träumen“ (5.2) erwacht, stellt er fest, dass über Nacht eine Verwandlung seines Körpers stattgefunden haben muss, denn er findet sich als riesiger Käfer wieder. Nüchtern und zunächst distanziert betrachtet er seinen insektenhaften Körper, von dem die Bettdecke herabzugleiten droht.

Gregor erkennt, dass die Verwandlung keineswegs ein Traum ist. Er mustert das Zimmer und bemerkt, dass er sich in seinem eigenen Zimmer befindet. Auf dem Tisch liegt die Musterkollektion mit Tuchwaren, die er als reisender Vertreter am Abend zuvor ausgebreitet hat. An der Wand erkennt er das Bild einer in Pelz gehüllten Frau wieder, das er erst vor kurzer Zeit aus einer Illustrierten ausgeschnitten und in einem selbst angefertigten Rahmen untergebracht hat.

Die Frau im Pelz

Sein Blick fällt auf das Fenster, und er hört den Regen, der ihn in eine melancholische Stimmung versetzt. Ihn überkommt der Wunsch, weiterzuschlafen, doch er kann sich nicht auf seine zum Schlafen gewohnte Seite drehen, immer wieder fällt er zurück auf seinen Rücken. Um seine hilflos zappelnden Beinchen nicht sehen zu müssen, hält er die Augen geschlossen.

Erinnerungen an den verhassten Beruf

Während er weiter in der ungeliebten Rückenlage verharrt, verflucht er seinen verhassten Beruf als Vertreter für Tuchwaren. Der Beruf zwingt ihn dazu, täglich zu reisen, Zuganschlüsse einzuhalten, unregelmäßig zu essen, und er verhindert alle menschlichen, tiefer gehenden Beziehungen.

Ein leichtes Jucken auf dem Bauch irritiert Gregor, und beim mühsamen Betrachten der Stelle fallen ihm kleine weiße Punkte auf, die bei Berührung „Kälteschauer" (6.18) auslösen.

Wieder verfällt Gregor in Gedanken an seinen Beruf. Er hasst das frühe Aufstehen und den Druck, den sein Chef auf ihn ausübt. Er ist verbittert und bemitleidet sich selbst, wenn er seine Lage vergleicht mit der seiner Kollegen. Im Gegensatz zu ihm können sie es sich erlauben, spät aufzustehen. Er könnte sich dies nie leisten, da sein Chef ihn sofort entlassen würde. Die Entlassung würde ihm nichts ausmachen, da er selbst schon längst gekündigt hätte, aber er sieht sich gezwungen, die „Schuld der Eltern" (6.36) gegenüber seinem Chef abzuarbeiten.

Die Schuld der Eltern

In diesem Augenblick erinnert er sich daran, dass er aufstehen muss, denn sein Zug fährt um fünf Uhr. Zu seinem Schreck sieht er, dass sein Wecker schon fast viertel vor sieben anzeigt.

Der verspätete Käfer

Blitzartig schießt ihm durch den Kopf, dass der nächste Zug schon um 7 Uhr geht. Doch selbst wenn er den Zug erreichen würde, wäre ein erheblicher Ärger nicht zu vermeiden, da der Geschäftsführer ihn bei dem früheren Zug erwartet hat und schon längst die Verspätung gemeldet haben würde. Den Gedanken an eine Krankmeldung verwirft er sofort wieder, denn dies würde unzweifelhaft Verdacht erregen, da er seit Dienstantritt vor fünf Jahren nie krank gewesen ist.

Während Gregor noch hastig nachdenkt, ob er nicht doch aufstehen solle, klopft seine Mutter an die Tür und fragt mit sanfter Stimme, ob er nicht habe wegfahren wollen.

Auch der Vater pocht nun an eine Seitentür, um zu fragen, was geschehen sei. Kurze Zeit später erkundigt sich an der gegenüberliegenden Tür die Schwester besorgt, ob er etwas benötige.

Gregor konzentriert seine Gedanken darauf, die alltäglichen Verrichtungen zu bewältigen: aufzustehen, sich anzuziehen, zu frühstücken. Zudem ist er von dem Gedanken angetrieben, sich nicht unnütz im Bett aufzuhalten.

Versuch, das Bett zu verlassen

Aber er schafft es nicht, mit seinem Unterkörper – wie gewohnt – zuerst aus dem Bett zu kommen. Dennoch verfolgt Gregor beharrlich sein Vorhaben, auf jeden Fall das Bett zu verlassen. Nachdem es schon sieben Uhr geschlagen hat, setzt er sich das Ziel, noch bevor es viertel nach sieben geschlagen haben würde, das Bett endgültig zu verlassen.

Der Fall

Er wählt eine neue Methode zum Aufstehen. Ruckweise schaukelt er, um sich seitlich aus dem Bett fallen zu lassen. In dem Augenblick, in dem er sich einen letzten Ruck geben muss, um auf den Boden zu fallen, läutet der Prokurist als Vertreter des Geschäfts an der Tür. In seiner Aufregung fällt Gregor mit einem lauten Schlag aus dem Bett. Zwar schwächt der Teppich seinen Fall ein wenig ab, und auch der Rückenpanzer erweist sich als recht elastisch, dennoch schlägt er sich den Kopf an.
Sowohl die Schwester als auch der Vater teilen Gregor unabhängig voneinander die Ankunft des Prokuristen mit. Fast unterwürfig äußert der Vater, dass man nicht wisse, wie man dem Prokuristen Gregors Verspätung erklären solle, und bittet den Sohn, die Tür zu öffnen. Nur die Mutter, die dem Vater ins Wort fällt, entschuldigt Gregors Versäumnis damit, dass ihm sicherlich nicht wohl sei. Sie versucht von dem unerklärlichen Verhalten des Sohnes abzulenken, indem sie dem Prokuristen das selbstlose Pflichtbewusstsein Gregors zu vermitteln sucht.
Die ungeduldige Frage des Vaters, ob der Prokurist nun endlich Gregors Zimmer betreten könne, verneint Gregor knapp und unmissverständlich.

Lautstark macht der Prokurist Gregor Vorhaltungen, dass er seine Pflichten vernachlässige. Er deutet an, dass der Chef das Fehlen vielleicht damit erklären könnte, dass Gregor Geld unterschlagen habe. Zudem sei man mit seinen Leistungen in letzter Zeit nicht zufrieden gewesen.

Völlig verstört von diesen ungerechtfertigten Vorwürfen vergisst Gregor alle bisherigen Vorsichtsmaßnahmen und versichert, unverzüglich den Zug um acht Uhr zu nehmen. Währenddessen versucht er verzweifelt, sich an seinem Kleiderschrank aufzurichten, um die Tür zu öffnen.

Nachdem es Gregor schließlich gelungen ist, sich aufzurichten und sich gegen die Rückenlehne eines Stuhles zurückfallen zu lassen, lauscht er den Gesprächen hinter der Tür.

Der Prokurist hat von Gregors Antworten kein Wort verstanden und glaubt, Gregor wolle ihn zum „Narren" (16.7) halten. Die Mutter befürchtet, dass Gregor ernstlich erkrankt sei, und fordert ihre Tochter auf, unverzüglich einen Arzt zu holen. Der Vater dagegen verlangt, dass das Dienstmädchen einen Schlosser holt, um die Tür aufzubrechen.

Die Gespräche beruhigen Gregor, glaubt er doch, ihnen zu entnehmen, dass man ihm helfen will. Der Ruf nach Arzt und Schlosser scheint ihm Signal zu sein, dass er nicht aus der menschlichen Gesellschaft ausgeschlossen ist.

Diese Gedanken beflügeln Gregor, er schiebt sich zur Tür hin, wirft sich dagegen und beginnt, mit seinem starken Kiefer den Schlüssel zu drehen.

Endlich gelingt es ihm unter erheblichen Mühen, das Schloss zu öffnen, die Türklinke niederzudrücken und einen Flügel der Tür zu öffnen. Dabei werden sein Kopf und ein Teil des Käferkörpers für die Eltern und den Prokuristen sichtbar.

Der entsetzliche Anblick

Entsetzt weicht der Prokurist vor diesem Anblick zurück, die Mutter faltet die Hände und bricht zusammen. Der Vater ballt zunächst „mit feindseligem Ausdruck" (18.17 f.) die Fäuste, blickt sich dann unsicher im Wohnzimmer um, beschattet die Augen mit der Hand, als blende ihn etwas, und weint.

Gregor bleibt an den geschlossenen Türflügel gelehnt stehen, so dass für die Familie nur ein Teil seines Körpers zu sehen ist. In der Zwischenzeit hat sich der Nebel draußen verzogen, es ist heller geworden und gegenüber ist die graue, unendlich lange Fensterfront des Krankenhauses zu erblicken. Von seinem Platz aus kann Gregor den Frühstückstisch sehen, zudem ein Bild, das ihn als jungen Leutnant zeigt, und durch die Flurtür die ersten Treppenstufen.

Gregors Bild als Leutnant

Flehentlich spricht Gregor den Prokuristen an, zu ihm zu halten. Er sei keineswegs „starrköpfig“ (19.11 f.); auch wenn das Reisen beschwerlich sei, so arbeite er doch gerne. Er kenne zwar die Vorurteile gegenüber Vertretern, dass sie viel Geld verdienten und es ihnen auch sonst gut gehe, doch der Prokurist müsse es besser wissen. Gregor schließt mit der Bemerkung, dass es unmöglich sei, sich gegen Klatsch, Missverständnisse und grundlose Beschwerden zu wehren, da man von ihnen erst zu spät erfahre.

Gregors Verteidigungsrede

Aber schon bei den ersten Worten von Gregor zieht sich der Prokurist vorsichtig aus dem Wohnzimmer durch den Flur zum Treppenaufsatz zurück, bereit zur Flucht. Gregor glaubt, er müsse den Prokuristen aufhalten, ihn beruhigen und für sich gewinnen, um die Zukunft seiner Familie nicht ernstlich zu gefährden. Er bedauert die Abwesenheit der Schwester, die den Prokuristen, den „Damenfreund“ (20.36), sicherlich hätte freundlich stimmen können.

Die Flucht des Prokuristen

So versucht Gregor auf eigene Faust den Prokuristen für sich zu gewinnen. Er verlässt seinen Platz, schiebt sich in den geöffneten Flügel der Tür und fällt auf seine vielen, schwer zu kontrollierenden Beinchen. Auf dem Boden empfindet er ein gewisses Wohlbefinden. Seine Beinchen gehorchen ihm, und schon glaubt Gregor an eine endgültige Heilung seines Leidens. Daher überrascht ihn die panische Reaktion seiner Mutter, die aufspringt, sich versehentlich auf den gedeckten Frühstückstisch setzt und dabei die Kaffeekanne umstößt. Der auslaufende Kaffee verführt Gregor dazu, mit seinen Mundwerkzeugen danach zu schnappen, was die Mutter nur noch mehr erschreckt. Sie flüchtet in die Arme ihres Mannes.

Gregors neues Lebensgefühl

Gregor konzentriert sich auf seine eigentliche Absicht, den Prokuristen aufzuhalten. Doch dieser flieht in Panik und lässt seinen Hut, seinen Stock und Überzieher zurück.

Unbegreiflich bleibt für Gregor, warum sein Vater ihm nicht hilft, den Prokuristen aufzuhalten. Im Gegenteil ergreift der Vater den Stock des Prokuristen und eine

Die Verfolgung durch den Vater

große Zeitung. Damit versucht er, Gregor in sein Zimmer zurückzutreiben. Stampfend und Zischlaute ausstoßend verfolgt er Gregor, der sich langsam umwendet, da er beim Rückwärtsgehen die Richtung nicht einhalten kann. Die ganze Zeit über fürchtet Gregor, einen tödlichen Schlag vom Vater zu erhalten. Schließlich hilft der Vater ihm mit der Spitze des Stocks, die richtige Richtung zu finden. Aber vor der halb geöffneten Tür muss Gregor feststellen, dass er zu breit ist, um in sein Zimmer zu gelangen. Verzweifelt schiebt er sich schräg durch die Tür, bleibt hängen und – erst nach einem heftigen Stoß des Vaters – flieht er blutend in sein Zimmer.

Die erste Verletzung durch den Vater

Zweiter Teil

KURZINFO

Gregors Gedanken und Gefühle

- Wie der erste Teil beginnt auch der zweite Teil mit dem Erwachen Gregors. War er im ersten Teil am frühen Morgen aus unruhigen Träumen erwacht, so wacht er nun am späten Abend aus einem schweren ohnmachtsähnlichen Schlaf auf.
- Stand im ersten Teil Gregors Verhältnis zu seinem Beruf im Vordergrund, so ist nun seine Beziehung zur Familie von Bedeutung.
- Der zweite Teil ist stark geprägt durch Gregors Gedanken und seine veränderte Wahrnehmung. Zugleich werden seine neuen Gewohnheiten (Nahrungsaufnahme) und sein käferhaftes Verhalten herausgestellt.
- Erst zum Schluss, als Gregors Zimmer von seiner Mutter und seiner Schwester leer geräumt wird, gewinnt die Erzählung an Dramatik, die in Gregors Ausbruch aus seinem Zimmer und der schweren Verwundung durch seinen Vater gipfelt.

Erste Beobachtungen aus der Käferperspektive

Gregor erwacht aus einem „schweren ohnmachtsähnlichen Schlaf“ (24.3) und glaubt aufgeweckt worden zu sein von leisen Schritten und von dem vorsichtigen Öffnen der Tür. Während die Decke und der obere Teil des Zimmers dürftig vom Schein der Straßenlaterne beleuchtet werden, ist es am Boden so dunkel, dass Gregor erstmals von seinen Fühlern Gebrauch machen muss, um zur Tür zu kriechen. Dabei stellt er fest, dass der Geruch von Essbarem ihn zur Tür gelockt hat. An der Tür findet er einen Napf mit süßer Milch und Weißbrotschnitten, und er nimmt an, dass ihm seine Schwester dies hingestellt hat. Aber schon nach den ersten Schlu-

cken wendet er sich, trotz seines Hungers, widerwillig von seiner früheren Lieblingsspeise ab.
Durch einen Türspalt sieht Gregor, dass im Wohnzimmer Licht brennt, dennoch ist kein Laut zu vernehmen. Gregors Gedanken wenden sich der Vergangenheit zu, und er empfindet plötzlich großen Stolz darüber, dass er seiner Familie ein sorgenfreies Leben und eine große Wohnung ermöglicht hat. Doch unvermittelt stellt sich ihm die Frage nach der Zukunft der Familie.

Verschlossene Türen

Gregor stellt fest, während er im Zimmer auf und ab kriecht, dass alle Türschlüssel – anders als am Morgen – außen stecken. Nachdem seine Familie spät zu Bett gegangen ist, glaubt er in Ruhe nachdenken zu können, wie sein Leben nun neu zu ordnen ist. Doch seine Gedanken schweifen ab, denn sein Zimmer löst in ihm Angst aus. Vor allem die Höhe verstört ihn so, dass er unter das Sofa kriecht und beengt die Nacht im Halbschlaf verbringt. Immer wieder wecken ihn Hunger und Sorgen um die Familie. Er nimmt sich vor, die Familie durch „größte Rücksichtnahme“ (26.13f.) zu schonen.
Als seine Schwester am nächsten Morgen das Zimmer betritt, sieht sie sich zunächst suchend um, und verlässt entsetzt das Zimmer, als sie ihn unter dem Sofa entdeckt, um sofort vorsichtig zurückzukehren. Sie bemerkt, dass die Milch fast unberührt ist. Mit einem Putztuch nimmt sie die Schale auf, trägt sie hinaus und

Die Versorgung durch die Schwester

kehrt mit verschiedenen Essensresten und Broten zurück, die sie auf einer Zeitung ausbreitet, um Gregors neuen Geschmack zu erforschen. Aus „Zartgefühl“ (27.18) verlässt sie rasch das Zimmer und schließt hinter sich ab.

Käfermahlzeit

Gierig stürzt sich Gregor auf den Käse, den er zwei Tage zuvor ungenießbar fand, und verzehrt auch das alte, halbverfaulte Gemüse und die angetrocknete Soße. Die frischen Speisen dagegen rufen in ihm Ekel hervor.
Die Schwester kehrt geräuschvoll zurück, damit Gregor sich unter das Kanapee zurückziehen kann. Er beobachtet, wie seine Schwester die Reste des Essens zusammenkehrt und sie eilig in einen Kübel schüttet. Täglich erhält Gregor nun von seiner Schwester das Essen jeweils zu Zeiten, zu denen die Eltern noch oder schon wieder schlafen. Allmählich gewöhnt sich die Schwester etwas an den Anblick des Käfers und spricht zu ihm.

Aus seinem Zimmer heraus belauscht Gregor die Gespräche der Familie und erfährt, dass unmittelbar nach seiner Verwandlung das Dienstmädchen gekündigt hat, so dass nun die Mutter und die Schwester kochen müssen.

Die finanzielle Situation der Familie

Zu seiner großen Freude erfährt Gregor dann, dass sein Vater beim Zusammenbruch seines Geschäfts nicht alles Geld verloren hat, wie er bislang geglaubt hat. Nach dem Konkurs des Vaters ist es Gregors einzige Sorge gewesen, das Unglück möglichst rasch vergessen zu machen. Dementsprechend hat er sich mit besonderem Eifer in die Arbeit gestürzt und ist schnell vom einfachen Gehilfen zum Handelsreisenden mit gutem Einkommen durch die Provisionen aufgestiegen.

Der Betrug des Vaters

Bei der Darlegung der finanziellen Situation erfährt Gregor außerdem, dass der Vater von dem Geld, das Gregor der Familie monatlich abgeliefert hat, so viel zurückgelegt hat, dass dieses Geld zu einem kleinen Kapital geworden ist. Nur kurz überkommt ihn der Gedanke, dass von diesem Geld die Schulden des Vaters gegenüber seinem Chef hätten abbezahlt werden können. Dann aber rechnet sich Gregor aus, dass die Zinsen des vorhandenen Geldes nicht zum Leben reichten und das Kapital auch nur ein bis zwei Jahre überbrücken würde. Entsprechend macht er sich Sorgen um die Zukunft seiner Familie.

Zwar ist der Vater gesund, doch weil er schon fünf Jahre nicht gearbeitet hat, ist er „schwerfällig“ (32.16) geworden. Die Mutter wiederum ist aufgrund ihres Asthmas kaum belastbar. Die Schwester, so empfindet es Gregor, ist mit „ihren siebzehn Jahren“ (32.22) fast noch ein Kind.

Allmählich kommen zu seinen Sorgen körperliche Schwächen, vor allem sein Sehvermögen lässt rasch nach. Zunehmend fällt es Gregor schwer, die Dienste seiner Schwester anzunehmen. Zum einen leidet er darunter, dass er ihr seine Dankbarkeit nicht zeigen kann, zum anderen lässt ihr Verhalten erkennen, das ihr sein Anblick und der Geruch im Zimmer zuwider sind. Aus Rücksichtnahme breitet Gregor in mühseliger Arbeit ein Leintuch so auf dem Sofa aus, dass er gänzlich verdeckt ist.

Die Rücksicht des Käfers

Vierzehn Tage lang können sich die Eltern nicht überwinden, Gregors Zimmer zu betreten. Dagegen hat Gregors

Schwester durch ihre aufopfernde Betreuung des verwandelten Sohnes bei den Eltern Anerkennung gefunden.
Zwar möchte die Mutter Gregor rasch besuchen, doch Vater und Tochter halten sie zurück. Dabei sieht die Mutter in dem Käfer immer noch ihren unglücklichen Sohn. Gregor stellt sich die Frage, ob es nicht besser wäre, wenn die Mutter seine Betreuung übernähme. Er ist überzeugt, dass seine Mutter alles viel besser verstehen würde als seine Schwester.

Gregors neue Zerstreuungen

Weder sein Essen noch das ruhige Liegen bereiten Gregor Vergnügen, und er sucht eine neue Zerstreuung. Er kriecht an den Wänden und an der Decke umher und lässt sich gelegentlich, von einem neuen Glücksgefühl erfüllt, von der Decke auf den Boden fallen.
Gregors Schwester fällt dieses neue Verhalten auf, und sie plant, um Gregor zu helfen, alle hinderlichen Möbel aus dem Zimmer zu entfernen. Da sie nicht wagt, den Vater um Hilfe zu bitten, sieht sie sich gezwungen, die Mutter um Hilfe beim Ausräumen zu bitten. Nachdem die Mutter zunächst freudig zugestimmt hat, kommen ihr vor Gregors Tür Bedenken. Diese kann die Tochter zerstreuen, indem sie versichert, dass man Gregor nicht sehen könne.

Das Ausräumen des Zimmers

Verdeckt durch das Leintuch und versteckt unter dem Kanapee lauscht Gregor den Anstrengungen der beiden Frauen, die sein Zimmer ausräumen. Die Einwände der Mutter, dass mit dem Entfernen der Möbel „jede Hoffnung auf Besserung“ (37.10) aufgegeben werde, rüttelt Gregor auf. Er kommt zu der Auffassung, dass das Zimmer nicht zu einer Höhle verkommen dürfe, dass alles wie gewohnt bleiben müsse.
Aber die Tochter setzt sich gegen die Einwände durch, hat sie sich doch „bei Besprechung der Angelegenheiten Gregors als besonders Sachverständige“ (37.36–38.1) erwiesen. Sie ist entschieden dafür, alles, mit Ausnahme des Kanapees, aus dem Zimmer zu entfernen. Zwar ist Gregor bereit, den Abtransport des Schrankes zu dulden, doch will er verhindern, dass sein Schreibtisch fortgetragen wird. So kriecht er unter dem Kanapee hervor, zieht sich allerdings sofort wieder zurück, als die Mutter seine Bewegung entdeckt.
Voller Unruhe nimmt er in seinem Versteck zur Kenntnis, dass alles, „was ihm lieb war“ (39.14), aus seinem

Zimmer geräumt wird. Als die beiden Frauen seinen Schreibtisch entfernen und kurz im Nebenzimmer ausruhen, kann er sich nicht mehr zurückhalten und verlässt sein Versteck. Zunächst ist er ratlos, was er zuerst schützen soll, doch dann fällt sein Blick auf das Bild mit der pelzgekleideten Dame. Gregor kriecht zu dem Bild und bedeckt es schützend mit seinem ganzen Körper.

Als die beiden Frauen das Zimmer wieder betreten, erblickt Grete ihren Bruder und versucht ihre Mutter abzulenken. Doch das Verhalten der Tochter beunruhigt die Mutter erst recht. Sie schaut sich im Zimmer um und erblickt den Käfer als riesigen braunen Fleck an der Wand. Ohnmächtig bricht sie auf dem Kanapee zusammen. Strafend ruft die Schwester Gregors Namen und droht ihm.

Die Ohnmacht der Mutter

Als Grete in das Nebenzimmer geht, um eine Essenz zu holen, die die Mutter aus der Ohnmacht wecken könnte, reißt sich Gregor von dem Bild an der Wand los und folgt ihr in das Zimmer, um ihr irgendwie behilflich zu sein. Dabei aber erschreckt er seine Schwester so, dass ein Fläschchen auf den Boden fällt und zerbricht, wobei ein Splitter Gregor verletzt. Eilig verlässt Grete das Wohnzimmer mit vielen Fläschchen und schließt die Tür hinter sich, so dass Gregor nun im Wohnzimmer alleine zurückbleiben muss. Gregor macht sich Vorwürfe, die Mutter möglicherweise an den Rand des Todes gebracht zu haben. Er versucht sich abzulenken, kriecht im Wohnzimmer über Möbel, Wände und Zimmerdecke und lässt sich schließlich verzweifelt auf den großen Tisch fallen.

Der zweite Ausbruch Gregors

Der Vater, der zu diesem Zeitpunkt nach Hause kommt, erfährt von der Tochter, die dem Vater die Tür geöffnet hat, dass Gregor „ausgebrochen" (41.17) sei. Der Vater sieht sich bestätigt, denn er habe das immer schon erwartet. Gregor glaubt, dass der Vater einem Missverständnis unterliegt und annimmt, er habe sich „irgendeine Gewalttat […] zuschulden kommen lassen" (41.21 f.). Um ihn zu beschwichtigen, deutet er durch sein Verhalten an, sich in sein Zimmer zurückziehen zu wollen.

Der Vater jedoch verkennt Gregors Verhalten und nähert sich voller Aggressivität. Gregor ist in diesem Augenblick völlig überrascht von dem Aussehen, der Vitalität und der Größe seines Vaters, der offenkundig durch seine neuen Aufgaben an Lebenskraft gewonnen hat. Als wisse er nicht ganz genau, was er mit Gregor machen soll, verfolgt der Vater Gregor langsam mehrmals um den Tisch herum. Gregors zielloser Rückzug ist vor allem der Tatsache geschuldet, dass die Tür zu seinem Zimmer nach wie vor geschlossen ist. Er verwirft den Gedanken, zur Flucht Wände und Decke zu nutzen, da sein Vater dies womöglich als „besondere Bosheit" (43.6) empfinden könnte. Als Gregors Kraft allmählich nachlässt, bemerkt er, dass sein Vater ihn gezielt mit Äpfeln bewirft. Ein Apfel dringt tief in seinen Rücken ein, und der unerhörte Schmerz raubt ihm die Sinne. Er kann nur noch schwach erkennen, dass die Tür zu seinem Zimmer aufgerissen wird und seine Mutter und seine Schwester herausstürzen. Beide flehen den Vater an, Gregors Leben zu schonen.

Das Wiedererstarken des Vaters

Gregors zweite Verwundung durch den Vater

Dritter Teil

KURZINFO

Die Verwandlung der Familie

- Im dritten Teil wird die Verwandlung erkennbar, die auch die Familie durchmacht: Jedes Familienmitglied geht nun einer Arbeit nach. Der Vater wird wieder zum anerkannten Mittelpunkt der Familie, seine körperliche Hinfälligkeit scheint überwunden, die Schwester befreit sich aus ihrer Unselbstständigkeit, selbst die Mutter nimmt neue Aufgaben wahr.
- In dem Maße, wie sich die Familie positiv verändert, verschlechtert sich Gregors Zustand. Immer stärker bricht das Tierhafte aus ihm heraus.
- Drang am Anfang der Erzählung die Außenwelt in Gestalt des Prokuristen in die Familie ein, so sind es nun drei merkwürdige Zimmerherren, die eine Zeit lang den Rhythmus des Familienlebens mitbestimmen.
- Gregors Tod schließlich, der sich schon lange zuvor angekündigt hat, entlastet die Familie und ermöglicht ihre Rückkehr in ein normales Leben.

Nach diesem Zwischenfall wird abends die Tür von Gregors Zimmer zum Wohnzimmer hin geöffnet, als habe den Vater die schwere Verwundung, die er Gregor beigebracht hat, zur Besinnung gebracht, dass Gregor zur Familie gehört und dass man ihn daher dulden müsse. Gregor, der durch die Verwundung geschwächt ist, kann so seine Familie aus dem Dunkel seines Zimmers beobachten und den abendlichen Unterhaltungen zuhören. Es sind jedoch nicht mehr die lebhaften Unterhaltungen, die man früher geführt hat, weil der Vater schon bald nach dem Abendessen einschläft, ohne seine allmählich unsaubere Dieneruniform auszuziehen. Die Mutter näht für ein Modegeschäft, und die Schwester, die Verkäuferin geworden ist, lernt Stenographie und Französisch, um sich beruflich zu verbessern. Obgleich der Vater täglich um sechs Uhr aufstehen muss und seinen Schlaf dringend benötigt, gelingt es den beiden Frauen erst weit nach zehn Uhr, ihn gemeinsam zum Aufstehen und Schlafengehen zu bewegen.

Das veränderte Familienleben

Gregor muss feststellen, dass die Familie langsam in finanzielle Bedrängnis gerät. Das Dienstmädchen muss entlassen werden, dafür wird eine Bedienstete für die gröbsten Arbeiten eingestellt. Teile des Familienschmucks müssen verkauft werden; zudem ist die Wohnung, obgleich jedes Familienmitglied sich bis zum Äußersten anstrengt, kaum noch zu bezahlen. Doch ein Umzug verbietet sich, weil man sich nicht auszudenken wagt, wie man mit dem riesigen Insekt umziehen könnte.

Die Verarmung der Familie

Gelegentlich zieht Gregor in Erwägung, wieder wie früher alle Angelegenheiten seiner Familie in die Hand zu nehmen. In den schlaflosen Nächten überkommen ihn Erinnerungen an früher: an den Chef und die Angestellten, an die zwei oder drei Freunde aus anderen Geschäften, an die flüchtige Beziehung zu einem Stubenmädchen in der Provinz und die Kassiererin in einem Hutgeschäft, um die er ernsthaft, aber zu langsam geworben hat. Die Erinnerungen vermischen sich mit längst Vergessenem, und Gregor ist froh, wenn diese Erinnerungen schwinden.

Gregors Erinnerungen an früher

Die Gedanken an die Familie und an früher werden abgelöst durch Wut über die schlechte Pflege und mangelhafte Fürsorge. Zwar weiß Gregor nicht, worauf er Appetit hat, doch in seiner Wut überlegt er, wie er zur Speisekammer vordringen könnte, um sich das zu nehmen, was ihm eigentlich zustehe.

Die Familie vernachlässigt Gregor

Nicht zuletzt durch das lieblose Verhalten der Schwester werden Gregors Gedanken ausgelöst. Täglich zweimal schiebt sie irgendwelche Speisen mit ihrem Fuß in sein Zimmer und kehrt sie später, ob berührt oder nicht, mit einem Besen wieder hinaus. Abends räumt sie so hastig und oberflächlich sein Zimmer auf, dass Schmutz und Unrat liegen bleiben. Obgleich Grete offensichtlich von ihrer Aufgabe überfordert ist, wacht sie unerbittlich darüber, dass kein anderer Gregors Zimmer aufräumt. Nachdem die Mutter ein Mal auf eigene Faust versucht hat, das Zimmer mit einigen Kübeln Wasser zu säubern, kommt es zu einer erbitterten Auseinandersetzung zwischen Grete und ihren Eltern.

Dabei ist Gregor überzeugt, dass diese Vernachlässigung keineswegs notwendig wäre, selbst wenn die Mutter die Betreuung Gregors nicht übernehmen sollte. Denn eine neue Bedienstete ist eingestellt worden: eine robuste, zupackende alte Witwe, die Gregor eher mit Überraschung als mit Abscheu begegnet. Man hätte ihr durchaus den Auftrag geben können, Gregors Zimmer sauber zu halten, zumal sie Gregor eine gewisse Aufmerksamkeit zukommen lässt und ihn fast anerkennend einen „alten Mistkäfer" (49.18) nennt. Einem verärgerten, jedoch nur vorgetäuschten Angriff Gregors begegnet sie furchtlos, ruhig und gelassen mit einem „Sessel" (49.33) in der Hand, zum Zuschlagen bereit.

Die neue Bedienstete

Ein Zimmer wird aus finanziellen Gründen an drei ernsthafte, bärtige Zimmerherren untervermietet. Diese haben ihre eigenen Einrichtungsgegenstände mitgebracht, so dass viele Möbel aus dem Zimmer, das Grete zuvor bewohnt hat, überflüssig sind und nach und nach in Gregors Zimmer abgestellt werden. Gregor muss über das Gerümpel in seinem Zimmer kriechen, was er zeitweise mit wachsendem Vergnügen macht, dann wiederum stundenlang bewegungslos liegen bleibt.

Die drei Zimmerherren

Da die Untermieter gelegentlich im Wohnzimmer ihr Abendessen einnehmen, wird Gregors Tür nicht mehr regelmäßig geöffnet. Nur einmal kann Gregor durch die zufällig offen stehende Tür die drei Zimmerherren bei der Abendmahlzeit beobachten. Sie habe ihre Plätze dort eingenommen, wo früher die Eltern und Gregor gegessen haben. Gregors Schwester und Mutter tragen das Essen auf und warten gespannt darauf, ob es demjenigen zusagt, der offensichtlich als Autorität von den anderen anerkannt wird und die Gerichte vorkostet. Schweigend nehmen die Untermieter das Essen ein, nur die Geräusche ihrer Zähne fallen Gregor auf.

An eben diesem Abend spielt Grete in der Küche Violine, offensichtlich nach langer Zeit wieder einmal. Die drei Zimmerherren bitten sie, doch ins Wohnzimmer zu kommen und ihnen vorzuspielen. Doch schon bald verlieren sie das Interesse an der Musik, sie unterhalten sich halblaut und werden schließlich ungeduldig.

Die Macht der Musik

Gregor jedoch wird von dem Spiel seiner Schwester so angezogen, dass er seine Rücksichtnahme vergisst, und mit Speiseresten und Staub verdreckt in das Wohnzimmer vordringt. Ihm kommt es vor, als weise die Musik ihn auf eine lange herbeigewünschte Nahrung hin. In Gedanken malt sich Gregor aus, wie er seine Schwester in sein Zimmer holen würde; sie würde freiwillig bei ihm bleiben, nur für ihn spielen, nie wieder würde er sie aus dem Zimmer lassen und alle, die sie holen wollten, mit seiner Schreckgestalt davon abhalten. Dann würde er ihr sein geheimes Weihnachtsgeschenk verraten, den Besuch eines Konservatoriums. Schließlich würde er ihr zärtlich den Hals küssen.

Gregors letzter Ausbruch

Seine Gedanken werden durch einen der Zimmerherren unterbrochen, der Gregor bemerkt hat und die anderen auf den Käfer aufmerksam macht. Der Vater versucht, die Untermieter zurückzudrängen und mit seinem Körper den Anblick Gregors zu verdecken. Diese machen lautstark ihrem Unmut Luft und kündigen das Zimmer mit dem Hinweis auf die widerlichen Zustände im Haus. Mit heftigem Türschlagen verschwinden sie in ihrem Zimmer.

Das Urteil der Schwester

Erschöpft und apathisch bleibt Gregor im Zimmer und muss erfahren, dass seine Schwester drastisch darauf drängt, dass man Gregor nicht mehr als Bruder ansehen dürfe. Wäre es nämlich ihr Bruder, so hätte er der Familie seine Existenz erspart und wäre von sich aus gegangen. Sie besteht darauf, dass man den Käfer loswerden müsse. Gregors Versuch, sich umzudrehen, erweckt zunächst Erschrecken, das allgemeiner Ermattung weicht, als Gregor in sein Zimmer zurückkriecht. Ein letzter Blick fällt auf die Mutter, die inzwischen eingeschlafen ist.

Gregors einsamer Tod

Nachdem Gregor wieder in sein Zimmer gelangt ist, wird rasch die Tür hinter ihm verriegelt. In einem Zustand „leeren und friedlichen Nachdenkens“ (59.11 f.) merkt er, wie ihn die Lebenskraft verlässt. Gegen Morgen stirbt Gregor einsam in seinem Zimmer.

Am nächsten Morgen findet die Hausgehilfin den toten Käfer und teilt dies dem Ehepaar Samsa mit. Als sich die Eltern und die Schwester um den toten Körper versammeln, macht sie deutlich, dass der Käfer wirklich verendet ist, indem sie ihn mit einem Besen ein Stück beiseiteschiebt.

Die Vertreibung der Zimmerherren

Während sich die Familie in das Schlafzimmer zurückzieht, lüftet die Bedienstete Gregors Zimmer und zeigt den Zimmerherren, die aus ihrem Zimmer kommen und gereizt nach ihrem Frühstück fragen, den toten Käfer. In diesem Augenblick tritt die Familie aus dem Schlafzimmer. Die Familie hat sich untergehakt und der Vater, der seine Dienstlivree trägt, weist die drei Untermieter mit Entschiedenheit aus dem Haus. Nach anfänglicher Überraschung verlassen sie eilfertig die Wohnung und das Haus.

Die Entlassung der Bediensteten

Die Familie beschließt, sich an diesem Tag Ruhe zu gönnen, und jedes Familienmitglied schreibt ein Entschuldigungsschreiben an den jeweiligen Arbeitgeber. Indessen erscheint die Hausangestellte, um mitzuteilen, dass sie für die Beseitigung des Käfers gesorgt hat. Als sie langatmig die näheren Umstände erläutern will, unterbricht Herr Samsa sie unwirsch; verärgert verlässt sie unter Türen schlagen das Haus, und Herr Samsa beschließt ihre Entlassung.

Die positive Wende

Gemeinsam verlässt die Familie zu einem Ausflug die Wohnung und fährt mit der Straßenbahn ins Grüne. Bei ihrer Unterhaltung stellt man fest, dass die berufliche Zukunft für jeden von ihnen durchaus eine positive Wendung zu nehmen scheint. Zugleich fasst die Familie ins Auge, die Wohnung zu wechseln. Man wünscht sich eine kleinere, praktischere, besser gelegene und preiswertere Wohnung. Erstaunt bemerken Herr und Frau Samsa, dass ihre Tochter sich in eine attraktive junge Dame verwandelt hat.

2 Analyse und Interpretation

Figurenkonstellation

Die Familie

KURZINFO

Gregors Illusion von einem intakten Familienleben

- Zunächst scheint das Familienleben der Samsas harmonisch und intakt, denn der Leser folgt dem Blickwinkel und den Gedanken Gregors.
- Sehr schnell wird aber klar, dass Gregor immer wieder Erklärungen für negative Verhaltensweisen der Familienmitglieder sucht, um seine Familie zu entschuldigen.
- Selbst das Todesurteil, das seine Schwester ausspricht, befürwortet Gregor uneingeschränkt.

Die bürgerliche Familie

„Zum Erfolgsmodell einer an die Erfordernisse der industriellen Gesellschaft besonders gut angepassten Familienform sollte die so genannte bürgerliche Familie werden. Sie war anfangs auf die wirtschaftlich privilegierten Bevölkerungsschichten beschränkt, gewann aber seit dem späten 19. Jahrhundert in der Bevölkerung immer mehr an Bedeutung […]. Die bürgerliche Familie – auch oft moderne Familie genannt – etablierte sich als eine auf Dauer angelegte eheliche Lebensgemeinschaft mit Kindern. Die Ehe der leiblichen Eltern war bei diesem Lebensmodell obligatorisch. Das durchschnittliche Heiratsalter der Männer war hoch und lag bei 30 Jahren, die Frauen waren fünf bis sechs Jahre jünger. Die Partner konnten frei gewählt werden, und die Ehe wurde zunehmend als intime Beziehung gelebt, die auf persönlicher Zuneigung und Liebe beruhte. Die durchschnittliche Zahl der überlebenden Kinder betrug zwei bis vier. Sie wuchsen in einer behüteten Welt der Kindheit und Jugend auf, in der Zeit zum Spielen und Lernen blieb. In der Regel verließen sie erst das Elternhaus, wenn sie ihre eigenen Familien gründeten, es sei denn, die Ausbildung oder der Start in den Beruf machten einen früheren Auszug notwendig. Das Familienleben wurde zunehmend gegenüber der Öffentlichkeit abgegrenzt, auch lebten in der Regel nicht mehr mehrere Generationen in einem ge meinsamen Haushalt. Die Familie galt als privater Raum, der

nur begrenzt für die soziale Umwelt offen war. Familienintern wurde eine strikte geschlechtsspezifische Rollenteilung zwischen Mann und Frau praktiziert: Der Mann ging als Hauptenährer der Erwerbsarbeit außer Haus nach, der Frau kam die Rolle als Hausfrau und Mutter zu. Daraus leitete sich der bleibende Autoritätsanspruch des Mannes innerhalb der bürgerlichen Familie ab. Auch wenn die Hausfrau und Mutter einen eigenständigen sozialen Status beanspruchen konnte, wurden die Hausarbeit und die Erziehung der Kinder doch gegenüber der Erwerbsarbeit, mit der das nötige Einkommen erwirtschaftet wurde, als eher unproduktive Tätigkeit abgewertet. Die Arbeitsteilung zwischen den Ehepartnern verstärkte sich gegenüber der Praxis in den früheren Familienhaushalten. Die Rollen von Mann und Frau waren so klar voneinander abgegrenzt wie kaum zuvor. Dieses Bild der bürgerlichen Familie blieb in den westlichen Gesellschaften bis in die zweite Hälfte des 20. Jahrhunderts dominant."
(Huinink, 2009, S. 11)

Das Familienleben

Entsprach die Familie vor Gregors Verwandlung nur ansatzweise der gesellschaftlichen Grundstruktur der bürgerlichen Familie, zumindest aus der Perspektive Gregors, so verändert sie sich nach Gregors Verwandlung radikal. War der Vater zunächst weder der Ernährer der Familie noch deren repräsentative erzieherische Autorität, so erringt er im Verlauf der Erzählung seinen gesellschaftlich geforderten Rang zurück. Zwar werden die Mutter und die Tochter in das Erwerbsleben einbezogen, doch zeichnet sich am Schluss ab, dass die Tochter als heiratsfähig angesehen wird und so ihrer Bestimmung als Frau in der bürgerlichen Familie gerecht wird.

Arbeitsteilung

Gregors Perspektive auf seine Familie

Gregors Illusion eines harmonischen Familienlebens

Kurz vor seinem Tod denkt Gregor „mit Rührung und Liebe" (59.8 f.) an seine Familie. Der verdreckte, vernachlässigte, ungeliebte Käfer vermag nach wie vor seine Situation innerhalb der Familie nicht kritisch zu reflektieren. Die Illusion eines harmonischen Familienlebens hat er in sein Käferdasein hinübergerettet; es zu entlarven, würde sein ganzes Dasein bis zu dem Zeitpunkt der Verwandlung in Frage stellen.
Gregor entschuldigt den Betrug des Vaters, wie auch dessen Aggressivität und die Vernachlässigung durch

seine Familie. Er bedauert, dass die Familie arbeiten muss, da er als alleiniger Ernährer ausgefallen ist: „[...] der Vater holte den kleinen Bankbeamten das Frühstück, die Mutter opferte sich für die Wäsche fremder Leute, die Schwester lief nach dem Befehl der Kunden hinter dem Pulte hin und her, aber weiter reichten die Kräfte der Familie schon nicht." (46.36-47.3) Er bejaht schließlich sehr entschieden das Urteil seiner Schwester, dass er endlich verschwinden müsse.

In gleicher Weise hat Gregor früher Verständnis dafür gezeigt, dass er der Einzige war, der für das Einkommen der Familie gesorgt hat. Schließlich hatte die Mutter Asthma, der Schwester war aufgrund ihres Alters Arbeit nicht zuzumuten, der Vater war zwar gesund, aber alt.

Fehlende Wärme in der Familie

Nur selten kritisiert Gregor, dass seine Arbeit nicht in dem Maße von der Familie anerkannt worden sei, wie er es erwartet hätte. Anfänglich sei die Familie glücklich gewesen, dann habe man sich an das Geld gewöhnt. Aber auf Dauer habe sich nie „eine besondere Wärme" (30.34 f.) eingestellt. Allerdings habe es eine Zeit gegeben, in der das Familienleben abends geprägt gewesen sei von „lebhaften Unterhaltungen" (44.31 f.). Sie seien jedoch, als Gregor seinem Beruf nachging, durch das Zeitungsvorlesen des Vaters abgelöst worden.

Der Leser erfährt wenig von dem Familienleben in der Zeit vor der Verwandlung, doch einige Hinweise erlauben Rückschlüsse auf die Lieblosigkeit und Kälte Gregor gegenüber. Gregor ist nur wenige Tage zu Hause, um von hier aus seine Geschäfte als Vertreter zu erledigen. An den Abenden sitzt er offenbar alleine in seinem Zimmer, schneidet ein Bild aus der Zeitung aus und sägt hierfür einen kleinen Rahmen aus Holz. Fast ärgerlich äußert die Mutter, dass Gregor nie ausgehe, doch von gemeinsamen Gesprächen oder von anderen Gemeinsamkeiten ist nicht die Rede.

Die kranken Eltern

Sogar noch in der Mitte der Familie scheint Gregor isoliert, wenn er von seiner anstrengenden Arbeit nach Hause kommt: Der Vater empfängt seinen Sohn bei der Heimkehr „im Schlafrock im Lehnstuhl" (42.7) und scheint so schwach zu sein, dass er nur die Arme zu heben vermag, obgleich er durchaus nicht krank ist. Die Mutter liegt jeden zweiten Tag mit ihrem Asthma auf dem Sofa, die Schwester lebt in den Tag hinein, kleidet sich nett und spielt vor allem Violine. Gregor dagegen liest am Tisch still die Zeitung oder studiert die Fahrpläne für die nächsten Tage. Dieses kühle Nebeneinander begründet die Mutter damit, dass Gregor „ja nichts im Kopf [habe] als das Geschäft“ (13.2 f.). Der Leser dagegen weiß, dass Gregor seinen Beruf eigentlich verabscheut.

Der isolierte Sohn

Der isolierte Sohn, der selbstlos und aufopferungsvoll für die Familie gelebt und gearbeitet hat, wird plötzlich durch die Verwandlung zum unnützen, ekelerregenden Parasiten, dem man nur noch mit Abscheu und Aggression begegnet. Als er merkt, dass die Familie unter seiner Verwandlung leidet, isoliert er sich und gibt sich schließlich selbst auf. Seine letzten Gedanken gelten der Familie. „An seine Familie dachte er mit Rührung und Liebe zurück.“(59.8 f.) Die Familie nimmt seinen Tod erleichtert auf und fährt befreit mit der „Elektrischen ins Freie vor die Stadt“ (63.14).

Gregor

KURZINFO

Der Prozess einer inneren und äußeren Verwandlung

- Der Handelsreisende Gregor Samsa begegnet nach seiner Verwandlung als ein ungeheures Ungeziefer, das bei allen Betrachtern Schrecken und Panik verursacht.
- Doch im Gegensatz zu seinem Äußeren sind Gregors Gedanken und seine Erinnerung lange Zeit von seiner menschlichen Vergangenheit geprägt.
- Er beklagt die Rastlosigkeit seines Berufs und gibt ihr die Schuld an seinem Zustand.
- Er denkt an seine Verpflichtungen gegenüber seiner Familie und sorgt sich um die Zukunft der Familie, von der er annimmt, dass sie ohne ihn nicht zurechtkommen wird.
- Allmählich aber verlieren sich die menschlichen Gewohnheiten und Gedanken und animalische Züge treten immer deutlicher zutage.

Gregors Leiden an seinem Beruf als Handelsreisender

Merkmale eines Handelsreisenden

Inkassovollmacht

Gregor ist Handelsreisender für Tuchwaren. Seine Arbeit ist gekennzeichnet von den typischen Merkmalen des Reisenden Anfang des 20. Jahrhunderts. Er macht außerhalb des eigentlichen Betriebs Geschäfte, hat Inkassovollmacht, darf also im Namen seines Dienstherren Geld annehmen, und unterliegt daher besonderen

Treue-, Sorgfalts- und Gehorsamspflichten. So hat der Reisende bei Krankheiten, besonderen Vorkommnissen und bei geschäftlichen Abschlüssen unverzüglich seinem Dienstherren Bericht zu erstatten. Die Entlohnung ist häufig gekennzeichnet von einem niedrigen Festgehalt und einer erfolgsabhängigen Provision. Da der Dienstherr nur über die Berichte und Verkaufsabschlüsse Einblick in die Tätigkeit des Reisenden hat, entsteht in wirtschaftlich schwierigen Zeiten nicht selten der Verdacht auf mangelnden Einsatz des Handelsreisenden. Ein besonderes Problem des Reisenden entsteht bei der Planung seiner Reiseroute.

Die Last des Berufs

Unmittelbar nach dem Erwachen als Käfer fällt Gregor die Musterkollektion, die er am Abend zuvor auf dem Tisch ausgebreitet hat, ins Auge. Während er vergeblich versucht, seinen Käferkörper in eine andere Position zu drehen, verflucht er den Beruf, den er ergriffen hat. Es entsteht hier, wie auch später, der Eindruck, dass Verwandlung und Beruf in dieser ersten Phase der Erzählung in heimlicher Korrespondenz stehen:

> „Ach Gott, […] was für einen anstrengenden Beruf habe ich gewählt! Tag aus, Tag ein auf Reise. Die geschäftlichen Aufregungen sind viel größer, als im eigentlichen Geschäft zu Hause, und außerdem ist mir noch diese Plage des Reisens auferlegt, die Sorgen um die Zuganschlüsse, das unregelmäßige, schlechte Essen, ein immer wechselnder, nie andauernder, nie herzlich werdender menschlicher Verkehr. Der Teufel soll das alles holen!" (6.4–11)

Schon der Anfang dieses Gedankengangs belegt die Perspektive, aus der heraus die Geschichte weitgehend erzählt wird: Es ist die Perspektive Gregors.

Die imaginäre Kündigung

Gregor beklagt zudem den mangelnden Schlaf sowie das frühe Aufstehen. Und für einen Augenblick blitzt in ihm der Gedanken auf, dass ihm die Entlassung aus seinem Beruf sehr gut bekommen würde. Er spinnt den Gedanken weiter aus und stellt sich vor, wie er von sich aus kündigen würde. Damit beschwört Gregor, der Käfer, einen grotesken Gedankengang herauf: Der nutzlose, fast bewegungsunfähige Käfer kündigt seinen Beruf als reisender Vertreter. „Wenn ich mich nicht wegen meiner Eltern zurückhielte, ich hätte längst gekündigt, ich wäre vor den Chef hin getreten und hätte ihm meine Meinung von Grund des Herzens aus gesagt. Vom Pult hätte er fallen müssen!" (6.27–31) Er erinnert sich weiterhin daran, dass er den Beruf des Handelsreisenden notgedrungen auf sich genommen hat, weil er noch fünf bis sechs Jahre die „Schuld der Eltern an ihn [seinen Chef] abzuzahlen" (6.36 f.) hat und weil er verhindern wollte, dass sein Chef seine „Eltern mit den alten Forderungen wieder verfolgen würde?" (13.32 f.)

Grotesk klingt der Konjunktiv irrealis in Gregors Phantasievorstellung seiner Kündigung. Der Käfer überlegt allen Ernstes, wie seine Kündigung aussehen könnte; dabei ist eine derartige Kündigung nach seiner Verwandlung hinfällig geworden. Die Verwandlung ist sozusagen die Kündigung.

Die Kontrollmechanismen der Firma

Gregors Überlegungen zeigen, welchen Repressionen er bisher ausgesetzt war, zugleich werfen sie ein bezeichnendes Bild auf das Abhängigkeitsverhältnis des Angestellten von dem Arbeitgeber. Sie unterstreichen die Gründe Gregors, seinen Beruf zu verfluchen. Ein Geschäftsdiener, den Gregor als „eine Kreatur des Chefs, ohne Rückgrat und Verstand" (7.20 f.) bezeichnet, überwacht die pünktliche Ankunft Gregors am Bahnhof. Krankmeldungen werden unverzüglich durch einen höheren Angestellten oder durch den Chef selbst und den Krankenkassenarzt vor Ort überprüft, wobei es für den Arzt nur „ganz gesunde, aber arbeitsscheue Menschen gibt" (7.28 f.). Ein verspätetes Erscheinen Gregors würde innerhalb kürzester Zeit Kontrollmechanismen einsetzen, die begründet sind im absoluten Misstrauen der Geschäftsleitung gegenüber den reisenden Angestellten. Tatsächlich erscheint als Vertreter des Geschäfts der Prokurist, heuchelt im Gespräch mit der Mutter zunächst Anteilnahme an Gregor, um diese sofort mit der Vermutung zu verbinden, dass Gregor wohl eine leichte Erkältung nur zum Fehlen ausnutze. Zudem deutet er gegenüber den Eltern an, dass Gregors Chef den Verdacht hege, dass Gregor Geld unterschlagen habe.

Die Unterstellungen des Prokuristen

Ohne die Ursachen für Gregors Versäumnis zu kennen, spricht der Prokurist Unterstellungen, Beschuldigungen und Drohungen aus, die beweisen, dass der Einzelne in dem Prozess keinerlei Rechte, keinen Schutz und keinen Anspruch auf menschenwürdige Behandlung hat. Der

Angestellte hat im Arbeitsprozess zu funktionieren. Und so scheint die Verwandlung Gregors eine Reaktion auf die Entwürdigung zu sein.

Gregors innere Verwandlung – Die Befreiung von der Verantwortung

Bis zu diesem Zeitpunkt hat Gregor die Verwandlung nicht recht wahrhaben wollen. Mit erstaunlicher Gelassenheit hat er zwar die Veränderungen seines Körpers festgestellt und versucht, seinen Körper zu beherrschen, doch für die körperlichen Veränderungen hat er immer neue Erklärungsversuche herangezogen. Die veränderte Stimme führt er auf eine Erkältung zurück, die Steifheit seines Körpers auf ungeschicktes Liegen.

Er beschließt, seinen Eltern und dem Prokuristen die Entscheidung über seinen Zustand und seine gesellschaftliche Zukunft zu überlassen: „Würden sie erschrecken, dann hatte Gregor keine Verantwortung mehr und konnte ruhig sein. Würden sie aber alles ruhig hinnehmen, dann hatte auch er keinen Grund sich aufzuregen, und konnte, wenn er sich beeilte, um acht Uhr tatsächlich auf dem Bahnhof sein." (15.29–33) Gregor stellt hier zwei Dinge in einen Bezug zueinander, die keinen Zusammenhang haben. Er flüchtet sich in ein magisches Denken, das bei kleinen Kindern als Entwicklungsphase beobachtet werden kann, zudem tritt das magische Denken bei psychisch erkrankten oder zwanghaften Menschen auf. Gregor will sich also der Wirklichkeit nicht stellen, sondern überlässt der Außenwelt und ihrer Reaktion auf sein Äußeres das Urteil über seine Zukunft. So wie er bisher seine Verwandlung und deren Folgen nicht reflektiert hat, flüchtet er sich in magisches Denken, um einer kritischen Beurteilung seiner Lage zu entgehen.

Gregors magisches Denken

Der Käfer an der geöffneten Tür

Nachdem Gregor die Tür geöffnet hat, versucht er, der missgestaltete Käfer, eine menschliche Haltung zu bewahren: Aufrecht stehend, an einen Türflügel gelehnt, mit seitlich geneigtem Kopf sucht er den Prokuristen von seinem Arbeitswillen zu überzeugen. Grotesk verzerrt korrespondiert seine Körperhaltung mit einem Foto Gregors als Leutnant, der „die Hand am Degen, sorglos lächelnd, Respekt für seine Haltung und Uniform verlangte" (19.1 f.).

Gregor wendet sich beschwörend an den Prokuristen und versucht ihn in einem langen Monolog für sich zu gewinnen. Dieser gipfelt in der flehentlichen Bitte, der Prokurist möge sich für ihn einsetzen, da er die Verhältnisse ja kenne, sogar besser als der Chef.

Verlust der Sprache

Doch niemand versteht seine Tierstimme. Er bleibt ungehört, denn Gregors Antwort auf die Vorwürfe des Prokuristen ist nur für den Leser verständlich. Mit seinem langen monologischen Versuch, Verständnis zu erlangen, beendet Gregor seine sprachliche Kommunikation mit seiner Umwelt, fortan verständigt er sich nur noch durch seine Körperhaltung und seine Bewegungen. Zum letzten Mal hat er sich also als angepasster und angstvoller Untertan geäußert, den jedoch niemand versteht.

Die Reaktion seiner Umwelt müsste Gregor nun endgültig beweisen, dass er keinerlei Zukunftsperspektive hat, dass er somit auch keinerlei Verantwortung übernehmen muss, dennoch versucht er den Prokuristen zurückzuhalten. Dieser „musste gehalten, beruhigt, überzeugt und schließlich gewonnen werden; die Zukunft Gregors und seiner Familie hing doch davon ab!“ (20.31–33) Um dem Prokuristen folgen zu können, lässt Gregor sich fallen und fühlt „zum ersten Mal an diesem Morgen ein körperliches Wohlbehagen; die Beinchen hatten festen Boden unter sich“ (21.12–14). Schon glaubt Gregor an eine „endgültige Besserung alles Leidens“ (21.16 f.), als er erkennen muss, dass der Prokurist, ohne dass ihn jemand aufhält, flieht. Bedauernd stellt er fest, dass der Vater nicht gewillt ist, dem Sohn zu helfen, sondern ihn im Gegenteil in sein Zimmer zurücktreibt.

Missverstandene Körpersprache

Ist schon keine sprachliche Kommunikation mehr möglich, so zeigt sich nun, dass auch die Körpersprache nicht mehr verstanden wird. Gregor ist gänzlich isoliert. Seine tierischen Aktionen, das Schnappen nach dem verschütteten Kaffee, die ungeschickte Rückwärtsbewegung, werden als aggressive Handlungen missverstanden. Den tierischen Gestank, sein hässliches Äußeres und sein für seine Umwelt unverständliches Verhalten vermag Gregor nicht zu realisieren, zu sehr ist er noch in der menschlichen Denkweise verhaftet.

Stufen der Verwandlung – Die neue Existenz als Käfer

Gregor, den die Eltern und der Prokurist mit eigenen Augen als Käfer gesehen haben, ist in seinem Zimmer eingesperrt, die Türen sind von außen geschlossen, er ist durch die gewalttätige Verfolgung des Vaters verletzt und noch ungeübt im Gebrauch seines Körpers. Einsam wird er von nun an dahinvegetieren.

Von diesem Augenblick an ist Gregor nicht mehr für sich verantwortlich, er wird versorgt. Seine Schwester bringt ihm zunächst, als sei er ihr menschlicher Bruder, Milch. „Er folgt dem Geruch der Milch, und während sein Menschengeist sich schon auf das süße Getränk freut, in dem kleine Schnitten mit Weißbrot schwimmen, weigern sich sein Käfermagen und sein Käfergeschmack angesichts einer solchen Säugetiernahrung." (Nabokov, „Kommentar", 1986, S. 99) Erst das vergammelte Essen, das seine Schwester ihm bringt, erregt seinen Appetit. Wie ein Tier schleppt er es gierig in eine Ecke und verschlingt es.

Käfergeschmack

Gregor hat nun einen weiteren Schritt in Richtung seines neuen Käferdaseins gemacht. Immer deutlicher werden die Zeichen der Verwandlung zum Tier. Das menschliche Sehvermögen nimmt ab, er zerstreut sich, indem er an den Wänden und an der Decke herumkriecht, er lässt sich schließlich lustvoll von der Decke herabfallen.

Widerspruch von Gefühlen und Gestalt – Veränderung des Denkens

Menschliche Gefühle

Lange Zeit behält Gregor – im Gegensatz zu seiner tierischen Gestalt und seinem tierischen Verhalten – wichtige menschliche Empfindungen. So bleiben vorerst Wesenszüge seines früheren Lebens erhalten: Einfühlungsvermögen in die Gefühle anderer und Rücksichtnahme aus Scham. Der Käfer schämt sich seiner Gestalt, er will seine Mutter und seine Schwester vor seinem Anblick verschonen, daher versteckt er sich und eilt, „nicht ohne eine leichte Scham [...] unter das Kanapee" (26.3 f.). Später zieht er unter großer Mühe ein Leintuch, das auch sprachlich eher an ein Leichentuch erinnert, über sich, um seiner Schwester den „Anblick auch nur der kleinen Partie seines Körpers" (34.14 f.) zu ersparen.

Scham

Schon bald nach seiner Verwandlung ist Gregor überzeugt, seiner Familie zunächst am besten damit zu dienen, „durch Geduld und größte Rücksichtnahme [...] die Unannehmlichkeiten erträglich“ zu machen, „die er ihr in seinem gegenwärtigen Zustand nun einmal zu verursachen gezwungen war“ (26.13–16).

Gregors instinkthaftes Verhalten

Als dann jedoch sein Zimmer ausgeräumt wird, vergisst Gregor jede Zurückhaltung, er reagiert völlig instinktiv, verlässt sein Versteck, bricht hervor und kriecht völlig verstört im Zimmer herum, um dann schließlich mit tierischem Besitzergreifen das Bild der Frau im Pelz mit seinem Körper zu bedecken. Gregors besonderer Bezug zu diesem Bild bricht also noch einmal nach der Verwandlung hervor. Hatte er als junger Mann das Bild mit einem Rahmen geschützt, so schützt er es nun mit „seinem heißen Bauch“ (39.32).

Verlust der Scheu

Dieser Augenblick markiert die Grenze des Widerspruchs von tierischer Gestalt und menschlichem Empfinden und Denken. Als habe die schwere Verletzung durch den Apfelwurf des Vaters und das Ausräumen von Gregors Zimmer verdeutlicht, dass er aus der familiären Gemeinschaft ausgeschlossen ist, scheint Gregor von nun an seine tierische Existenz zu akzeptieren. Er versteckt sich nicht mehr vor seiner Schwester, sondern stellt sich vielmehr vorwurfsvoll an besonders schmutzige Stellen, um seine Schwester an ihre Verpflichtung zu erinnern. Die schlechte Versorgung versetzt ihn zusehends in Wut, und er überlegt, die Speisekammer zu stürmen, um sich etwas zu holen.

Musik als geistige Nahrung

Doch schließlich ist es die Musik, die seine Schwester für die drei Zimmerherren anstimmt, die ihm einen völlig neuen Horizont erschließt. Er ist durch die Musik so angerührt, dass sie ihn wie hypnotisiert in das Wohnzimmer zieht. Er plant seine Schwester zu sich in sein Zimmer zu holen, um ihrem Violinenspiel zuzuhören. Gregor stellt sich die widersprüchliche Frage: „War er ein Tier, da ihn Musik so ergriff?“ (53.27 f.) Als menschlicher Bruder hatte ihn die Musik der Schwester nur insofern interessiert, als er der Schwester eine Ausbildung auf dem Konservatorium ermöglichen wollte. Nun aber erschließt sich dem Tier eine neue Quelle geistiger Nahrung, eine neue Dimension der Existenz, die im absurden Kontrast steht zu seinem Äußeren.

Als er sowohl von seiner Familie als auch von den Kammerherren entdeckt wird, ist er zunächst so geschwächt, dass er nicht in sein Zimmer zurückkriechen kann. Er muss nun das Urteil der Familie mit anhören, die ihn nicht mehr länger bei sich ertragen will. Tatsächlich stirbt Gregor, nachdem er sich in sein Zimmer zurückgeschleppt hat.

Der Vater

KURZINFO

Vom kränklichen alten Mann zum Familienoberhaupt

- Während Gregor seinem anstrengenden Beruf nachgeht, um die Schulden des Vaters abzuzahlen, scheint dieser zunächst zu schwach zu sein, um Gregor in irgendeiner Form zu unterstützen.
- Seine Tage verbringt er mit Zeitungslektüre und widmet sich stundenlang seinem Frühstück.
- Gregors Verwandlung bringt auch eine Verwandlung des Vaters mit sich. Mit überraschender Kraft verfolgt er den Käfer, der in das Wohnzimmer eingedrungen ist, nimmt eine Anstellung als Diener eines Bankinstituts an und weist schließlich die Untermieter aus dem Haus.
- Der kränkliche alte Mann hat seine Rolle als Familienpatriarch zurückgewonnen.

Der schwache, kränkliche Vater

Schon der erste Auftritt des Vaters wirft ein bezeichnendes Licht auf das Verhältnis zu einem Sohn: „[...] schwach aber mit der Faust" (8.18) klopft der Vater an die Seitentür. Die (scheinbare) körperliche Schwäche steht im Gegensatz zur aggressiven Geste der geballten Faust, mit der der Vater Gregor an seine Pflichten erinnert.

Nach dem Zusammenbruch seines Geschäfts hat sich der Vater völlig aus dem Erwerbsleben zurückgezogen, er ist alt, wirkt schwach und hat „in diesen fünf Jahren, welche die ersten Ferien seines mühevollen und doch erfolglosen Lebens waren, viel Fett angesetzt und [ist] dadurch recht schwerfällig geworden" (32.14–16). Später wird sich zeigen, welche Energie in Gregors Vater steckt, nachdem er seine Position als Herr des Hauses wieder übernommen hat.

Der aggressive Vater

Die Jagd auf den Käfer

Schon die erste Verfolgungsjagd des Vaters beweist, dass er durchaus energisch, zupackend und kräftig ist. In der Rechten hält er drohend den Stock des Prokuristen, in der Linken eine große Zeitung. Er versucht, den Käfer in sein Zimmer zurückzudrängen; dabei stößt er „Zischlaute aus, wie ein Wilder“ (22.25 f.). Gregor fürchtet jeden Augenblick tödliche Schläge auf den Kopf oder auf den Rücken. Hinter Gregor jedoch klingt es „nicht mehr wie die Stimme bloß eines einzigen Vaters“ (23.22). Schließlich gibt ihm der Vater, der bis dahin kaum fähig schien spazieren zu gehen, sondern häufig müde in seinem Bett lag, „von hinten einen jetzt wahrhaftig erlösenden starken Stoß“ (23.30 f.), so dass Gregor blutend in sein Zimmer hineinfliegt.

Die Apfelwürfe

Noch aggressiver wirkt der Vater in der zweiten Verfolgungsjagd, die mit den verletzenden Apfelwürfen endet. Schon zu Beginn der Verfolgung fragt sich Gregor überrascht: „[…] war das noch der Vater?“ (42.1) – jener kränkliche, schwache, physisch unbewegliche Vater? In der Gestalt des Vaters scheinen sich für Gregor Grundprinzipien einer strafenden, rächenden Autorität zu vereinen.

Der Betrug des Vaters

Verschleierung der wirtschaftlichen Situation

Doch Gregor hat sich nicht nur im Hinblick auf den körperlichen Zustand des Vaters getäuscht, sondern auch im Hinblick auf dessen wirtschaftliche Situation. Denn Gregor muss feststellen, dass der Vater nach dem Zusammenbruch seines Geschäfts Geld zurückgehalten hat, ohne dass sein Sohn dies ahnt. Zugleich hat er monatlich vom Verdienst seines Sohnes Geld abgezweigt und dieses gespart. Ohne diesen Betrug wäre es Gregor möglich gewesen, sehr viel früher die Schulden des Vaters zu begleichen und dem ungeliebten Beruf zu entkommen.

Es zeigt sich also, dass Gregor nur scheinbar die ökonomische Rolle des Vaters übernommen hat. Die Verfügungsgewalt über das Geld hat sich nach wie vor der Vater vorbehalten. Gerade diesen Betrug am Sohn lobt nun der Käfer-Sohn als weise Vorsichtsmaßnahme des Vaters.

Die Rückkehr des Familienoberhaupts

Nun übernimmt der Vater auch innerhalb der Familie wieder die Rolle des Familienoberhaupts, nachdem der Sohn zum nutzlosen Parasiten geworden ist. Hatte der Vater sich bisher eher parasitenhaft verhalten und wurde dabei von Gregor in Schutz genommen und entschuldigt, so ist nun der Vater im Gegensatz nicht bereit, den neuen Parasiten zu unterstützen. Vielmehr verfolgt der Vater den Käfer, vertreibt ihn brutal aus dem Wohnzimmer, verletzt und verbannt ihn. Demonstrativ schlägt er die Tür hinter ihm zu. Die Tür wird nun zur Grenze zwischen der Welt Gregors und der der Familie.

Die Verfolgung des Käfers durch den Vater

Nachdem im letzten Teil der Erzählung die Zimmerherren das Zimmer auf nachdrücklichen Befehl des Vaters verlassen haben, muss Gregor, zu erschöpft, um in sein Zimmer zurückzukriechen, mit anhören, wie das Urteil über ihn gesprochen wird. Sozusagen als Angeklagter nimmt er an der Verurteilung zur Vernichtung teil. Der Familienrat befindet über sein Schicksal, und zum letzten Mal ist die gesamte Familie noch einmal vereint.

Dieses Mal ist es nicht der Vater, der zur radikalen Lösung tendiert; vielmehr äußert er resigniert: „Wenn er uns verstünde […], dann wäre vielleicht ein Übereinkommen mit ihm möglich. Aber so –" (57.6–10) Gerade der Vater, der offensichtlich kaum über wichtige Dinge mit seinem Sohn gesprochen hat, bedauert, dass eine Kommunikation nicht möglich ist.

Die Verurteilung Gregors durch Grete

Auffällig ist zudem, dass der Vater in diesem dritten Teil der Erzählung gegenüber Gregor wesentlich einfühlsamer und verständnisvoller reagiert als Grete. Wenn er das Personalpronomen „er" verwendet, so scheint er doch stärker als die anderen an die Identität Gregors zu glauben.

Nach Gregors Tod gewinnt der Vater seine alte Dominanz wieder. Er tritt den drei Zimmerherren respektheischend in seiner Livree entgegen, kündigt ihnen und weist sie umgehend aus dem Haus.

Die Mutter

KURZINFO

Von der passiven kränklichen Ehefrau zur fürsorglichen Mutter

- Ähnlich wie Gregors Vater wirkt auch die Mutter zu Beginn der Erzählung hinfällig und kränklich.
- Im Laufe der Erzählung jedoch gewinnt sie zwar neue Energie, doch bis zum Tode des Käfers ist Frau Samsa eher passiv und sucht vor allem Hilfe und Schutz bei ihrem Mann.
- Auch von ihrer Tochter lässt sie sich bestimmen, sie lässt sich vom Besuch Gregors abhalten und akzeptiert schließlich auch das Ausräumen von Gregors Zimmer.
- Nach Gregors Tod hat sie ihre Rolle als fürsorgliche Mutter und nachgiebige Ehefrau zurückgewonnen.

Die Mutter ist die Erste in der Familie, die Gregors Versäumnis, früh aufzustehen, bemerkt. Vorsichtig klopft sie an die Tür und erinnert mit sanfter Stimme an die Uhrzeit. Gregors Antwort beruhigt sie sofort und sie entfernt sich, während ihr Mann kurze Zeit später vorwurfsvoll durch die geschlossene Tür fragt, was mit Gregor sei. Ähnlich unterschiedlich reagieren Vater und Mutter, als der Prokurist erscheint. Tadelnd fordert der Vater Gregor auf, den Prokuristen unverzüglich in das Zimmer zu lassen, die Mutter dagegen versucht, den Prokuristen wortreich zu beschwichtigen, indem sie auf Gregors Zuverlässigkeit und seine Einsatzbereitschaft hinweist.

Die Bedenken der Mutter

Als die Mutter Gregor zum ersten Mal als grässliches Ungeheuer sieht, schaut sie hilfesuchend mit gefalteten Händen zu ihrem Mann hin, um anschließend inmitten ihrer Röcke niederzusinken und dann in seine Arme zu flüchten. Auch später wird sie immer wieder Zuflucht zu ihrem Mann nehmen, wenn Gregor sich ihr nähert. Zwar hat die Mutter „verhältnismäßig bald“ (35.4) vor, Gregor zu besuchen, doch sie lässt sich zunächst mit „Vernunftgründen“ (35.6), später „mit Gewalt“ (35.8) zurückhalten.

Sie sieht in dem Käfer ihren hilflosen Sohn und wartet voller Hoffnung auf ein gutes Ende:

> „[…] und ist es nicht so, als ob wir durch die Entfernung der Möbel zeigten, dass wir jede Hoffnung auf Besserung aufgeben und ihn rücksichtslos sich selbst überlassen?

Ich glaube, es wäre das Beste, wir suchen das Zimmer genau in dem Zustand zu erhalten, in dem es früher war, damit Gregor, wenn er wieder zu uns zurückkommt, alles unverändert findet und umso leichter die Zwischenzeit vergessen kann." (37.8–15)

Doch sie kann sich mit ihrem Vorschlag gegenüber der Tochter nicht durchsetzen Die Tochter besteht sogar darauf, dass alle Möbel aus Gregors Zimmer geräumt werden. Als Gregor sein Versteck verlässt, um seinen Schreibtisch und schließlich das Bild der pelzbekleideten Dame an der Wand zu retten, erblickt ihn die Mutter und fällt mit ausgebreiteten Armen ohnmächtig auf das Kanapee. Ihre Ohnmacht enthebt sie jeglicher Entscheidung und ermöglicht ihr die Flucht aus der grässlichen Wirklichkeit. Ihre körperliche Ohnmacht spiegelt aber auch ihren fehlenden Einfluss, ihre Ohnmacht innerhalb der Familie wider.

Die „Vereinigung" der Eltern

Beim nächsten Zusammentreffen mit Gregor flüchtet sie zu ihrem Mann, sinkt „im Hemd, denn die Schwester hatte sie entkleidet"(43.35 f.), nachdem sie über ihre Röcke gestolpert ist, „ihn umarmend, in gänzlicher Vereinigung mit ihm" (44.4 f.) hilflos in seine Arme. Gregor jedoch kann diesen fast als sexuellen Akt beschriebenen Augenblick kaum noch erfassen, denn „nun versagte [...] Gregors Sehkraft schon" (44.5).
Der Käfer ist damit der Beobachtung dieses Anblicks der Eltern enthoben. Dessen sexuelles Verlangen geht eher in die Richtung des Bildes mit der pelzbekleideten Frau, auf das er sich mit „seinem heißem Bauch" (39.32) presst.

Bis zum letzten Auftritt Gregors wird die Atemnot der Mutter immer drängender. Schließlich kann sie nur noch atemlos folgen und hustet „in die vorgehaltene Hand mit einem irrsinnigen Ausdruck der Augen" (56.17 f.). Als Gregor das letzte Mal das Wohnzimmer verlässt, ist die Mutter erschöpft „völlig eingeschlafen" (58.24).

Die Schwester

KURZINFO

Gregors einzige Bezugsperson

- Gregors Schwester, bis zur Verwandlung des Bruders ein verwöhntes 17-jähriges Mädchen, das – von ein paar Handreichungen im Haushalt abgesehen – nicht zu arbeiten braucht, gewinnt im Laufe der Erzählung eine immer bedeutendere Rolle.
- Sie wird zur zweiten zentralen Hauptfigur der Erzählung, ist sie doch die Einzige, die regelmäßigen Kontakt zu Gregor hat und mit der Gregor sich in Gedanken immer wieder auseinandersetzt.

Das verwöhnte Kind

Gregor/Grete – Namensähnlichkeit

Die Schwester ist Gregor nach seiner Verwandlung als Einzige in der Familie „noch nahe geblieben" (30.36). Wie eng beide Personen von Kafka aufeinander bezogen sind, lässt sich schon an der Namensähnlichkeit Gregor/Grete erkennen. Ihr nimmt er es durchaus nicht übel, dass sie sich in der Familie fast parasitenhaft aufführt. Im Gegensatz zu ihm darf sie lange ausschlafen, sich nett kleiden, sich kleinen Vergnügungen hingeben, vor allem aber Violine spielen. Während die Eltern sie „als ein etwas nutzloses Mädchen" (34.34) ansehen und sich häufig über sie ärgern, gönnt Gregor ihr im Gegensatz dazu diesen Lebensstil, denn in seinen Augen ist sie „noch ein Kind" (32.22). Das Leben von Gregors 17-jähriger Schwester steht damit in krassem Gegensatz zu dem 16-jährigen Dienstmädchen, das den ganzen Tag über in der Küche der Familie Samsa arbeiten muss. Auch äußerlich trägt Grete die Attribute kindlicher Kleidung, der Hals wird durch einen Kragen oder ein Band bedeckt.

Grete – das „nutzlose Mädchen"

Die Fürsorge der Schwester

Unmittelbar nach Gregors Verwandlung stellt die Schwester zusammen mit der Mutter den Gegenpol zum Vater dar: Besorgt um ihren Bruder, ist sie ihm fürsorglich zugetan. Während der Vater fast bedrohlich mit der Faust gegen die Tür schlägt, fragt die Schwester ängstlich und klagend, ob Gregor etwas brauche. Sie beschwört ihren Bruder flüsternd, damit die Eltern nicht misstrauisch werden, die Tür zu öffnen.

Nach der Aufforderung durch die Mutter eilt sie aus dem Haus, um einen Arzt zu holen. Mit Bedauern konstatiert Gregor, dass seine Schwester nun im entscheidenden Moment nicht da ist, als er versucht, den Prokuristen für sich zu gewinnen. Gregor ist sicher, dass es seiner Schwester gelungen wäre, dem Prokuristen seinen Schrecken auszureden. Gregor hält sie für „klug“ und sensibel, weil sie offenbar instinktiv den Schicksalsschlag erfasst und schon „geweint [hat], als Gregor noch ruhig auf dem Rücken lag“ (20.34 f.).

Ihre Abwesenheit zum Zeitpunkt von Gregors erstem Ausbruch aus seinem Zimmer erspart ihr den Schrecken der ersten unvorbereiteten Begegnung mit dem Käfer. So kann sie von ihren Eltern auf die Verwandlung Gregors vorbereitet werden und sich in aller Ruhe mit der Schreckgestalt des Ungeheuers bekannt machen. Während Gregor in einen „schweren ohnmachtsähnlichen Schlaf“ (24.3) gefallen ist, stellt sie einen Napf mit Gregors Lieblingsspeise – süße Milch mit Weißbrotschnitten – in sein Zimmer. Wenn sie den ungeheuren Käfer mit Gregors Lieblingsspeise versorgt, so hat sie offensichtlich sofort akzeptiert, dass sie ihren verwandelten Bruder vor sich hat. Dass er sie noch verstehen kann, daran allerdings glaubt sie zu keinem Zeitpunkt. Dies zeigt schon ihre unpersönliche Bemerkung zu Gregors Appetit: „Heute hat es ihm aber geschmeckt […].“ (29.3 f.)

Die Versorgung des Käfers

Der Ekel vor dem Käfer

Obgleich die Schwester Gregors neue Gestalt kennt, erschrickt sie bei ihrer nächsten Begegnung mit ihm, denn Gregor hat sich voller Rücksichtnahme unter dem Sofa versteckt. Grete entdeckt ihn erst nach überraschtem Suchen und dem Aufblitzen einer hoffnungsvollen Idee, der Käfer könnte fortgeflogen sein. Fluchtartig verlässt sie das Zimmer, um jedoch sofort wieder zurückzukehren. Sie erkennt, dass der Käfer die Milch nicht angerührt hat, und bringt auf einer alten Zeitung ausgebreitete Essensreste, die aus dem Abfall zu stammen scheinen. Gleichzeitig stellt sie mit einer Art Endgültigkeit einen „wahrscheinlich ein für allemal für Gregor bestimmten Napf“ (27.17) mit Wasser hin. Während Gregor also wie ein Tier gefüttert wird und die Schwester sich davor ekelt, den Napf mit Milch mit ihren Händen anzufassen, und einen Lappen zu Hilfe nimmt, glaubt Gregor in den Handlungen seiner Schwester herzliche und rücksichtsvolle Wesenszüge zu erkennen.

Gretes Wandlung

Gretes Anerkennung durch die Eltern

Mit Gretes Wandlung von der verwöhnten, untätigen Tochter zur Pflegerin von Gregor verändert sich auch ihre Stellung innerhalb der Familie, sie gewinnt erheblich an Ansehen und Einfluss.

Gretes Arbeit wird von ihren Eltern völlig anerkannt, und sie entwickelt hierdurch so viel Selbstvertrauen, dass sie ihren Plan, Gregors Zimmer zusammen mit der Mutter auszuräumen, sogar gegen den Widerstand der Mutter durchsetzt. Sie duldet keinen Widerspruch, denn „sie hatte sich, allerdings nicht ganz unberechtigt, angewöhnt, bei Besprechung der Angelegenheiten Gregors als besonders Sachverständige gegenüber den Eltern aufzutreten, und so war auch jetzt der Rat der Mutter für die Schwester Grund genug, auf der Entfernung […] sämtlicher Möbel, mit Ausnahme des unentbehrlichen Kanapees, zu bestehen.“ (37.35–38.6) Grete scheint aus einer Mischung von kindlichem Trotz, pubertärem Gebaren und verständnisvollem Eingehen auf Gregors Bewegungsmöglichkeiten zu handeln. Doch sie verwandelt Gregors „richtiges, nur etwas zu kleines Menschenzimmer, […] zwischen den vier wohlbekannten Wänden“ (5.13–15) in ein kaltes, erinnerungsloses, leeres Zimmer, in das „wohl kein Mensch außer Grete jemals einzutreten sich getrauen“ (38.19 f.) würde. Damit hat die Vernichtung von Gregors menschlicher Vergangenheit und Existenz eine neue Dimension erreicht.

Die Abwendung vom Bruder

In dem Moment, in dem sein Zimmer entleert wird, lehnt Gregor sich zum ersten Mal gegen das Geschehen auf. Er bricht hervor (vgl. 39.25), als die beiden Frauen seinen Schreibtisch heraustragen, kriecht eilig die Wand hoch, schützt das Bild, das er früher ausgeschnitten hat, und blickt Grete kampfbereit an. Zum ersten Mal seit seiner Verwandlung spricht ihn seine Schwester „mit erhobener Faust und eindringlichen Blicken“ (40.21) mit seinem Namen an. Drohend ruft sie „Du, Gregor!“ (40.20). Sie signalisiert ihre Kraft, ihren Mut und ihr neugewonnenes Selbstbewusstsein. Zwar verwendet sie den Namen ihres Bruders noch einmal, als sie dem heimkehrenden Vater mitteilt: „Gregor ist ausgebrochen“ (41.17), doch macht sie zugleich deutlich, dass sie Gregor als gefährliches Tier betrachtet, das gefan-gen gehalten werden muss. Hatte Gretes Arbeit zu-nächst vor allem in der Pflege Gregors bestanden, so hat sie nun eine Stellung als Verkäuferin angenommen, lernt abends „Stenographie und Französisch, um vielleicht später einmal einen besseren Posten zu erreichen“ (45.5 f.), was ihr offensichtlich schließlich auch gelingt. Ihre Sorge um Gregor ist der Sorge um ihren Vater gewichen, den sie spät abends zusammen mit ihrer Mutter zum Schlafengehen zu bewegen sucht.

Das Urteil

Gretes Argumentation gegen Gregor

Konsequent reagiert Grete auf Gregors dritten Ausbruch während ihres Violinenspiels für die Zimmerherren. Sie ist nicht einmal mehr bereit, „vor diesem Untier […] den Namen [ihres] Bruders aus[zu]sprechen“ (56.10 f.). Nüchtern konstatiert sie: „Wir müssen versuchen, es loszuwerden.“ (56.11 f.) Und begründet dies: „Wenn man schon so schwer arbeiten muss, wie wir alle, kann man nicht noch zu Hause diese ewige Quälerei ertragen.“ (56.29–31) Ihre Argumente zeigen, dass sie den Käfer und sein Verhalten nicht mehr mit ihrem Bruder in Zusammenhang bringt.

> „Weg muss es […], das ist das einzige Mittel, Vater. Du musst bloß den Gedanken loszuwerden versuchen, dass es Gregor ist. Dass wir es so lange geglaubt haben, das ist ja unser eigentliches Unglück. Aber wie kann es denn Gregor sein? Wenn es Gregor wäre, er hätte längst eingesehen, dass ein Zusammenleben von Menschen mit einem solchen Tier nicht möglich ist, und wäre freiwillig fortgegangen. Wir hätten dann keinen Bruder, aber könnten weiterleben und sein Andenken in Ehren halten. So aber verfolgt uns dieses Tier, vertreibt die Zimmerherren, will offenbar die ganze Wohnung einnehmen und uns auf der Gasse übernachten lassen.“ (57.11–22)

Nachdem es Gregor gelungen ist, sein Zimmer nach dem Ausbruch wieder zu erreichen, ist es Grete, die darauf gewartet hat, ihn einzusperren, die „leichtfüßig […] vorwärtsgesprungen“ (58.30) ist und die Tür zu seinem Zimmer „eiligst zugedrückt, festgeriegelt und versperrt“ (58.26) hat. Und damit hat sie nicht nur das Urteil über Gregor ausgesprochen und begründet, sie sperrt ihn auch in seinem unentrinnbaren Gefängnis ein, in dem er in der folgenden Nacht stirbt.
Nach Gregors Tod zeigt sich die Familie erstmals wieder gemeinsam in der Öffentlichkeit und demonstriert die wiedergewonnene Freiheit. Zugleich findet Gregors Schwester in ihrer jugendlichen Schönheit jene Bewunderung und Anerkennung der Eltern, die Gregor nie zuteil geworden ist. Und die Eltern denken daran, „einen braven Mann“ (63.33) zu suchen.

Gretes jugendliche Schönheit

Kafkas Schwester Ottla

Im Hinblick auf die Erzählung *Die Verwandlung* ist der biographische Hintergrund des Verhältnisses von Franz Kafka zu seiner jüngsten Schwester Ottilie, genannt Ottla, und deren Charakteristik aufschlussreich.
Kafka hatte zu Ottla ein besonderes Vertrauensverhältnis. Ottla war – neun Jahre jünger als Franz Kafka – das „Nesthäkchen“ der Familie und genoss besondere Freiheiten. Dennoch ergaben sich Konflikte mit dem Vater, allerdings nicht in dem Maße, wie Franz Kafka sie empfand und niederschrieb.

Ottla, das „Nesthäkchen“

> „Der Vater hatte zwar schon früher Ottlas Vorliebe für den Umgang mit Menschen aus unteren sozialen Schichten gerügt – etwa ihre Neigung, sich in der Küche unter das Personal zu mischen –, man nahm dies aber nicht so ernst. Daß es sich dabei nicht nur um Kindereien gehandelt, sondern sich hier eine sehr unkonventionelle, auf ihre Art radikale Persönlichkeit entwickelt hatte, bemerkte man erst, als Ottla 1914 ernsthaft gegen die Eltern zu rebellieren begann, um ihre eigenen Vorstellungen vom Leben zu verwirklichen. Und zum großen Erstaunen des Bruders, und von ihm mit Neid beobachtet, zeigte sich auch, daß sie genauso viel Kraft zum Kampf wie der Vater besaß. […] Mit ihrer ganzen Energie und Kraft, aber auch Umsicht kämpfte Ottla gegen ihre Eltern und für

das Recht, ihr Leben selbst zu bestimmen. Franz dagegen kämpfte um seine Eltern bzw. seinen Vater. Die Anerkennung des Vaters zu erlangen, ihn von sich zu überzeugen und für sich zu gewinnen, war das eigentliche Ziel seines Kampfes." (Wagnerová, 2001, S. 114 ff.)

Ottlas Verrat

Kafkas vertrauensvolles Verhältnis zu Ottla wird jäh unterbrochen. Noch am 15. September 1911 hatte er anlässlich der Verlobung seiner Schwester Valli in seinem Tagebuch geschrieben: „Liebe zwischen Bruder und Schwester – die Wiederholung der Liebe zwischen Mutter und Vater." (*Tagebücher 1910–1923*, S. 181). Doch im Oktober 1912 muss er feststellen, dass sich Ottla den Klagen der Eltern und anderen Geschwistern anschließt, Kafka vernachlässige seine Verpflichtung als Mitinhaber einer Asbestfabrik und sei schuld „an der Verbitterung und an der schlechten körperlichen Verfassung des Vaters. […] Kafka geriet in Panik. Dass Ottla, seine einzige Vertraute, sich im Beisein der Mutter in einer so wichtigen Sache gegen ihn stellte, traf ihn am empfindlichsten Punkt, repräsentierte sie doch die letzte ihm verbliebene Verbindung zur Familie. Ihre Abkehr bedeutete endgültige Ausstoßung, ein neuerliches ‚Urteil', dessen verheerende Wirkung sich wenige Wochen später zum geschwisterlichen Bannfluch der VERWANDLUNG verdichten sollte. Warum verriet ihn die Schwester? Waren womöglich seine eigenen Schuldgefühle auf sie übergegangen […]?" (Stach, 2002, S. 132 f.)

In späteren Jahren wird Franz Kafka häufiger Zuflucht zu seiner Schwester suchen, bei ihr arbeiten und bei ihr wohnen. Ottilie Kafka wird als Letzte der drei Schwestern Kafkas 1943 im Konzentrationslager ermordet.

Die Nebenfiguren

KURZINFO

Repräsentanten der Außenwelt

- Die Nebenfiguren spiegeln die Reaktionen der nicht unmittelbar Betroffenen auf Gregors Verwandlung. Während die Familie die bürgerliche Fassade zu wahren sucht, sind sie gänzlich frei von familiären Bindungen. Sie repräsentieren und symbolisieren die Außenwelt mit ihren Forderungen und Ansprüchen.
- Das Auftreten des Prokuristen als Abgesandter der Macht erzeugt bei der Familie Schuldgefühle. Vor dem Käfer zerbricht seine Macht und er flieht.
- Die drei Zimmerherren bilden den Höhepunkt der Vertreibung Gregors. Während Gregor in Unrast lebt und fast nichts mehr zu essen bekommt, werden sie, peinlichst auf Sauberkeit bedacht, mit Essen versorgt.
- Durch Gregors Arbeit konnte sich die Familie Dienstmädchen leisten. Mit der Verwandlung zum Käfer sinkt der soziale Status der Familie, was sich im Wechsel der Dienstmädchen zeigt.

Der Prokurist

Der Abgesandte der Macht

Ungefragt ist der Sendbote der Macht in die Wohnung der Samsas eingedrungen, und wie selbstverständlich wird ihm das Recht zugesprochen, den Ton anzugeben. Schon bei seinem ersten Auftreten wird der Prokurist als Autorität akzeptiert: Mit knarrenden Lackstiefeln demonstriert er seine Position. Er ist der Abgesandte der Macht, und die unverzügliche Kontrolle des offensichtlichen Fehlverhaltens von Gregor ist Ausdruck dieser Macht. Entsprechend erzeugt das Auftreten des Prokuristen sofort bei allen das Gefühl von Schuld, denn natürlich kennen alle seine Position. Er ist der unmittelbare Vertreter des Chefs und besitzt besondere Befugnisse. Eilfertig versucht die Mutter, das Versäumnis ihres Sohnes mit Krankheit zu entschuldigen und den Prokuristen durch Hinweise auf Gregors Pflichtbewusstsein positiv zu beeinflussen. Der Vater zeigt Verständnis für das Begehren des Prokuristen, Gregor sofort zu sprechen, und ist ungehalten, dass Gregor dem Vertreter des Arbeitgebers nicht sofort sein Zimmer öffnet. In einem solchen Fall darf es offensichtlich keine Privatsphäre für Gregor geben.

Einen kurzen Moment lang machen sich in Gregor Wut und Ohnmacht breit, er versucht „sich vorzustellen, ob nicht auch einmal dem Prokuristen etwas Ähnliches

passieren könnte, wie heute ihm; die Möglichkeit dessen musste man doch eigentlich zugeben“ (12.17–19). Zugleich aber machen ihn „Gewissensbisse närrisch“, so dass er „geradezu nicht imstande war, das Bett zu verlassen“ (11.36 f.). Unterwürfig reagiert Gregor auch auf die Unterstellungen und Beschuldigungen des Prokuristen und versucht, alle Vorwürfe zu entkräften. Dabei kann man sich des Eindrucks nicht erwehren, dass die Vorwürfe einer Unterschlagung von dem Prokuristen selbst stammen. Auch ohne die Verwandlung wäre also Gregors Zukunft in Gefahr.
Indessen zerbricht die Machtposition des Prokuristen augenblicklich, als er dem Käfer gegenübersteht. Instinktiv erkennt er, dass seine Autorität an eine unerwartete, nicht vorhersehbare und unfassliche Grenze stößt. Was Gregor in seiner kurzen Rachephantasie gedacht hat, wird in diesem Augenblick in anderer Weise verwirklicht. Dem Prokuristen widerfährt ohne Vorbereitung ein vollständiger Verlust seiner Macht, er wird mit etwas Ungeheuerlichem konfrontiert, vor dem ihm nur noch die kopflose Flucht bleibt.

Die Flucht des Prokuristen

Was der Prokurist nicht wissen kann, ist, dass der Käfer in seinen Gedanken die Autorität des Prokuristen durchaus anerkennt, ja, ihn geradezu anfleht, ihn zu verstehen und ihm zu helfen, um seinen Arbeitsplatz nicht zu verlieren. Die Bedrohung, die der Prokurist empfindet, beruht nur auf einem Missverständnis, weil dieser die Körpersprache des Käfers nicht deuten kann, sondern Gregors Versuch, ihn zurückzuholen, als Angriff versteht. Panisch flieht er durch das Treppenhaus, das für Gregor die Begrenzung seines Handlungsspielraums darstellt.
Kurz vor seinem Tod erscheinen Gregor in seinen Erinnerungen noch einmal „der Chef und der Prokurist, die Kommis und die Lehrjungen“ (47.17 f.), doch sie alle sind „unzugänglich“ (47.25) und zu keinerlei Hilfe bereit. So ist Gregor froh, wenn sie aus seiner Erinnerung verschwinden.

Die drei Zimmerherren

Höhepunkt der Vertreibung Gregors

Die drei vollbärtigen Untermieter bilden den Höhepunkt der Vertreibung Gregors aus der Familie. Offensichtlich reichen die Einkünfte der drei Familienmitglieder nicht aus, um den Haushalt zu führen, so dass man ein Zimmer vermieten muss. Es sind ernste Männer, die „peinlich auf Ordnung, nicht nur in ihrem Zimmer, sondern, da sie sich nun einmal hier eingemietet hatten, in der ganzen Wirtschaft, also insbesondere in der Küche, bedacht [sind]. Unnützen oder gar schmutzigen Kram ertrugen sie nicht.“ (50.12–16) Damit aber stehen sie in radikalem Kontrast zu dem, was sich ins Gregors Zimmer abspielt. Es ist voller Gerümpel, Staub und Unrat, und auch der Käfer ist mit Unrat bedeckt. Das Ungeziefer muss im Unrat leben und zusehen, wie die Zimmerherren von der Familie – fast unterwürfig – mit Essen versorgt werden, während Gregor „fast gar nichts mehr“ (49.37) isst. Die Zimmerherren werden mit großer Hochachtung und Unterwürfigkeit behandelt, sie dürfen im Wohnzimmer speisen, das nun Gregor verschlossen bleibt. Damit schließen sie Gregor endgültig aus dem Kreis der Familie aus. Nur mit einer Katastrophe kann er sich noch einmal einen Platz in der Familie erobern.

Gregors Musikerlebnis

Zum tragischen Höhepunkt kommt es, als die geliebte Schwester den Kammerherren auf ihrer Violine vorspielen muss. Während diese rasch ihr Interesse verlieren, wird Gregor, der Käfer, von der Musik, die er früher keineswegs sonderlich geschätzt hat, magisch angezogen. Nun verlässt er, „ganz staubbedeckt“ voller „Fäden, Haare, Speiseüberreste“ (53.1), sein Zimmer. Gerne würde er die Schwester ganz für sich haben, sie in seinem Zimmer beherbergen und ihrer Musik lauschen. Musik erscheint ihm als ‚ersehnte unbekannte Nahrung‘ (vgl. 53.28f.). Er ist entschlossen, die Schwester zu besitzen, er will „sich bis zu ihrer Achsel erheben und ihren Hals küssen” (54.10f.).

Die Zimmerherren bleiben zunächst beim Anblick des Käfers ungewöhnlich ruhig, um dann umso energischer aufzutreten und empört über die unzumutbaren Verhältnisse zu kündigen.

Die drei Zimmerherren haben in ihrem marionettenhaften Auftreten und in ihrer äußerlichen Gemeinsamkeit etwas Unwirkliches, an Märchen Erinnerndes. Ihre Dreizahl erinnert aber auch an göttliche Trinitäten etwa in polytheistischen Religionen (z.B. der römischen Götterwelt – Jupiter, Mars und Janus) oder an die Dreieinigkeit Gottes im Dogma der christlichen Religion von der Einheit der drei Personen des göttlichen Wesens (Gott Vater, Gott Sohn [Jesus Christus] und Gott Heiliger Geist). Doch geht von den drei Zimmerherren keinerlei Erlösung aus, sondern ihre Anwesenheit führt letztlich zur physischen Vernichtung Gregors. Dennoch haben sie Gregor etwas über sein tierisches Dasein Hinausgehendes ermöglicht, die Verzückung durch Musikgenuss.

Die drei Dienstmädchen

Die soziale Stellung der Dienstmädchen

Zunächst wundert sich der heutige Leser, dass trotz finanzieller Probleme Dienstpersonal bei der Familie Samsa eingestellt war. Aber es war durchaus nicht das Privileg des wohlhabenden Bürgertums, Dienstmädchen zu haben, sondern auch kleinbürgerliche Haushalte und Handwerkerfamilien waren darauf bedacht, selbst bei geringen finanziellen Möglichkeiten Dienstmädchen einzustellen, um nach außen hin einen gewissen Wohlstand zu signalisieren. Diese Dienstmädchen stammten vor allem vom Lande, waren häufig sehr jung und erhielten meist einen so geringen Lohn, dass sie kaum etwas sparen konnten. Doch die Eltern der Dienstmädchen hofften auf eine vernünftige Unterrichtung in Hauswirtschaft mit Blick auf eine spätere Heirat. Zudem schien die Arbeit immer noch besser als in Fabriken.

Beklagt sich Gregor über seine Arbeit, die Arbeitszeiten und die fehlende menschliche Zuwendung, so ist die Situation des Personals zumeist deutlich schlechter. Es gab keine geregelten Arbeitszeiten, die Dienstmädchen mussten rund um die Uhr verfügbar sein, der Lohn bestand aus nicht viel mehr als Unterkunft und Essen, sogar körperliche Züchtigung war – etwa in der preußischen Gesindeordnung – erlaubt. Während Dienstmädchen nur erschwert kündigen konnten, stand den Dienstherren eine Unzahl von Gründen zur Verfügung, um sofort zu kündigen.

So spiegelt sich Gregors Arbeitsbelastung, seine Überwachung und seine geringen rechtlichen Möglichkeiten in der Situation der Dienstmädchen wider, ohne dass dies deutlich angesprochen wird.

Der Dreiheit der Familie – Vater, Mutter, Kind – sowie der Zimmerherren stehen drei Hausangestellte gegenüber. Dank der Arbeit Gregors kann die Familie Samsa als Arbeitgeber auftreten. Doch Gregors Verwandlung schwächt sogleich den sozialen Status, da das erste Dienstmädchen, Anna, das später als Köchin bezeichnet wird, mit einer dramatischen Geste kündigt. Anna bittet die Mutter schon gleich am ersten Tag „kniefällig" um Entlassung, dankt „für die Entlassung unter Tränen, wie für die größte Wohltat" (29.24 f.), um dann mit einem „fürchterlichen Schwur […], niemandem auch nur das Geringste zu verraten" (29.27 f.), das Haus zu verlassen. Aus ihrem Verhalten und der Panik des Prokuristen kann der Leser erahnen, wie grauenhaft Gregor auf die Außenstehenden wirkt.

Aber auch das zweite Dienstmädchen, ein 16-jähriges Mädchen, entzieht sich teilweise dem Einflussbereich der Eltern, denn nach der Entlassung der Köchin bittet diese darum, nur noch in der verschlossenen Küche arbeiten zu müssen. Schließlich zwingt die durch Gregor verursachte Einschränkung der Lebenshaltung dazu, auch diesem Dienstmädchen zu kündigen.

Die resolute Bedienstete

Sie wird ersetzt durch eine resolute, „riesige knochige Bedienerin mit weißem, den Kopf umflatterndem Haar", die die „schwerste Arbeit zu leisten" (46.16–18) hat. Sie scheint keinerlei Furcht vor Gregor zu haben, zunächst bestaunt sie den riesigen Käfer, redet ihn mit „alter Mistkäfer" (49.18) an und schaut täglich zu ihm herein. Auch als Gregor, verärgert darüber, dass diese Bedienstete sein Zimmer nicht reinigt, sich gegen sie wie zum Angriff wendet, wehrt sie Gregor mit einem Sessel ab. Sie ist es auch, die den toten Käfer findet und respektlos verkündet, „[…] es ist krepiert, da liegt es, ganz und gar krepiert!" (59.34) Um Gregors Tod noch einmal zu verdeutlichen, schiebt sie seinen Körper mit ihrem Besen beiseite. Als sie schließlich lachend berichten will, wie sie den Leichnam Gregors beseitigt hat, wehrt der Vater so heftig ab, dass die Bedienstete verärgert das Haus mit lautem Türknallen verlässt.

Thematische Aspekte

Das Verwandlungsmotiv

KURZINFO

Abweichung von der literarischen Tradition

- Verwandlungen sind seit der Antike ein Motiv in der Literatur. Meistens werden der Grund und der Prozess der Verwandlung thematisiert.
- Dies fehlt bei Kafka. Er stellt das Schicksal des Verwandelten und die Reaktion der Umwelt in den Vordergrund.

Metamorphosen des Ovid

Eine Vielzahl von literarischen Werken beschäftigt sich seit der Antike mit dem Motiv einer Verwandlung. Es sind Märchen und Mythen, von denen die *Metamorphosen* des römischen Dichters Ovid (43 v. Chr.–18 n. Chr.) die bekanntesten sind. In 15 Büchern erzählt Ovid von Verwandlungen – vor allem von Menschen – in Pflanzen, Tiere oder Sternbilder.

Die Verwandlung eines Menschen in ein Tier findet man beispielsweise bei Ovid in seinem 6. Buch: Die kunstfertige Weberin Arachne fordert hochmütig die Göttin Athene heraus, mit ihr in einen Wettstreit zu treten, wer das größere Geschick im Weben habe. Tatsächlich muss Athene gestehen, dass Arachnes Arbeit vollkommen ist. Arachne, die die Rache der Göttin fürchtet, erhängt sich, doch Athene rettet ihr Leben. Zur Strafe für ihren Hochmut verwandelt sie Arachne jedoch in eine Weberspinne. So sind Arachne und ihre Nachkommen dazu verurteilt, lebenslang zu weben.

Schon diese kurze Darstellung macht den wesentlichen Unterschied zwischen Kafkas Erzählung und den *Metamorphosen* deutlich und zeigt damit den besonderen Schwerpunkt von Kafkas Verwandlung. Während Ovid und mit ihm die nachfolgenden Autoren von Verwandlungsmythen den Grund für eine Verwandlung und den Prozess der Verwandlung akzentuieren, fehlt dies bei Kafka. Ihm geht es darum, das Leben und Schicksal des Verwandelten und die Reaktion seiner Umwelt darauf zu erzählen.

Kafka nennt keinen Grund für die Verwandlung

Auch in Märchen begegnet man häufig dem Verwandlungsmotiv. Die Verwandlung oder Verzauberung eines

Menschen in ein Tier wird dabei meist von einer Rückverwandlung, also einer Entzauberung, begleitet.

Verwandlungen im Märchen

In dem Märchen „Brüderchen und Schwesterchen" wird das Brüderchen durch einen Zaubertrank der Stiefmutter, einer Hexe, in ein Reh verwandelt. Von nun an muss das Schwesterchen für das Reh sorgen, bis sich dieses schließlich in den Bruder rückverwandelt und die Hexe verbrennt.

Keine Rückverwandlung Gregors

Auch in Kafkas Erzählung kommt der Schwester eine besondere Bedeutung zu, doch letztlich ist es ihr Urteil, das Gregor annimmt und stirbt. Es gibt keine Rückverwandlung, keine Begründung für die Verwandlung und keinen Verursacher, damit auch keine Strafe, mit der das Böse bestraft wird. Hinzu kommt, dass Märchen sehr häufig die Außenperspektive einnehmen, den Verwandelten also nicht zu „Wort" kommen lassen, wie dies in den „inneren Äußerungen" bei Gregor der Fall ist, so dass wir nachvollziehen können, was der Verwandelte empfindet und denkt.

Märchen – Antimärchen

KURZINFO

Polarität der literarischen Gattungen

- Die Erzählung hat viele märchenhafte Strukturen, z. B. das Verwandlungsmotiv, die häufige Verwendung der Zahl Drei oder der glückliche Schluss der Erzählung für die Familie.
- Diese Strukturen werden aber so abgewandelt, dass man von einem Antimärchen sprechen kann.

Antimärchen

Die Verwandlung zeigt deutliche Strukturmerkmale von Märchen. Allerdings fällt dabei auf, dass Märchengrundstrukturen so abgewandelt werden, dass man im Hinblick auf Kafkas Erzählung den Begriff „Antimärchen" verwenden kann.

Die Zahl Drei

Neben dem Verwandlungsmotiv fällt in Kafkas Erzählung die besondere Bedeutung der im Märchen so beliebten Zahl Drei auf: etwa im Aufbau (drei gleich lange Teile), im Inhalt (das dreifache Ausbrechen des Käfers) und in der Personenkonstellation (Vater, Mutter, Kind; die drei Zimmerherren). Diese Elemente verweisen auf ein zentrales Motiv und Strukturmerkmal von Märchen (drei Aufgaben, drei Wünsche oder drei Handlungsträger). Auch der Schluss, der für die Familie Samsa als glückliches Ende bezeichnet werden kann, nachdem das Ungeheuer vernichtet ist, hat märchenhafte Züge.

Strukturmerkmale von Märchen

Viele Volksmärchen spielen in unbestimmter Zeit, an einem Ort, der nicht genau fixierbar ist. Die Perspektive, aus der erzählt wird, ist häufig die gutgläubige Sicht eines auktorialen Erzählers. Dieser Erzähler hinterfragt die Verwandlung nicht, sondern sieht sie als gegeben an, als entspreche sie einer geheimnisvollen Ordnung der Welt. Auch Gregors Verwandlung findet ohne genaue Zeitangabe statt („eines Morgens"). Die Räumlichkeit dagegen gewinnt eine herausragende Bedeutung, die sich aus der biographischen Anspielung erklären lässt. Ebenso ist die Perspektive über weite Passagen hinweg durch Gregors Sicht geprägt. Aber auch Gregor ist ein gutgläubiger, kindlicher Erzähler, der die Verwandlung weder hinterfragt noch sich über sie wundert.
Im Märchen sind die Motive für eine Verwandlung meist nur recht oberflächlich angedeutet, auch für Gregor kommt die Verwandlung – wie im Märchen – vollkommen überraschend, und es gibt keinerlei Begründung dafür. Die Wahl der Tiere, in die Personen verwandelt werden, ist zumeist beliebig und wird nicht aus dem Charakter des Verwandelten entwickelt. Dabei fällt auf, dass in den Verwandlungsmärchen der Brüder Grimm häufig junge Männer verwandelt werden, deren Erlöserinnen die Schwestern oder junge Frauen sind. „Die Geschichten des Froschkönigs und die von der Schönen und dem Biest […] sind insofern mit dem Fall Samsas vergleichbar, als das verwandelte Ungeheuer hier eine weibliche Partnerin hat, die im Fall der beiden Märchen für die Entzauberung der Ungeheuer zuständig ist. Die Geschichte Samsas, der von seiner Schwester nicht erlöst, sondern verraten wird, kontrastiert damit und erhält durch die Umkehrung ihre Prägnanz. Nahe liegt auch ein (kontrastiver) Vergleich mit Hänsel und Gretel, weil die Schwester Gregors Grete heißt." (Schmitz-Emans, 2010, S. 170)

Der Käfer

KURZINFO

Vieldeutige zentrale Metapher

- Vermutlich hat Kafka die Beschreibung der Bettwanze in *Brehms Tierleben* als Quelle für seinen Käfer genommen.
- Dabei wird das Ekelhafte des Äußeren und des Verhaltens besonders betont.

Der abstoßende Käfer lässt in seiner Realistik keinerlei märchenhafte Stimmung aufkommen. Während die Frau im Pelz an typische Märchentiere mit weichem Fell (Reh, Hase, Fuchs, Wolf) erinnert, steht der Käfer in krassem Kontrast dazu.

Die Bettwanze

Eine Quelle für Kafkas Insektenmetapher ist wahrscheinlich die Beschreibung der Bettwanze im zoologischen Nachschlagewerk *Brehms Tierleben*, dessen Bände 1911–1918 in vierter Auflage erschienen. Für den Verfasser Alfred Brehm gehört die übelriechende Wanze zum widerwärtigsten Ungeziefer. Wie wichtig Kafka das Ekelerregende des Äußeren und des Verhaltens ist, beweist seine detailreiche Beschreibung des Äußeren. Der panzerartige Rücken und der unterteilte Bauch, die Fühler sowie das Problem, sich aus der Rückenlage zu befreien, sind typische Merkmale für Käfer, ebenso wie die zappelnden Beinchen. Die Vorliebe des Käfers für Halbverfaultes und für Menschen Ungenießbares, seine Nachtaktivität und Lichtscheu gehören ebenso dazu, wie die Fähigkeit, sich an Wänden und Decken zu bewegen.

Der Totenkäfer

Am nächsten kommt Kafkas Beschreibung dem Totenkäfer, einem Aasfresser, der im Volksglauben als Bote von Unheil gilt. Dieser Käfer schützt sich mit übelriechendem Wehrsekret. Die Eier sind mit einem klebrigen Sekret versehen, so dass sie bei der Ablage haften bleiben (vgl. die „kleinen weißen Pünktchen" [6.15] am Bauch von Gregor). Dieser nachtaktive Käfer (vgl. 51.2 ff.) verbirgt sich gerne in Ritzen. Er ernährt sich unter anderem von toten Insekten und verfaulten Abfällen. In der Natur hat der Käfer aufgrund seines übelriechenden Sekrets kaum Feinde (vgl. die „braune Flüssigkeit" [17.18], die Gregor aus dem Mund fließt).

Schließlich verschlimmert sich Gregors Aussehen. Zu dem Gestank, den er verbreitet, kommt noch sein abstoßendes Äußeres: „[…] ganz staubbedeckt; Fäden, Haare,

Speiseüberreste schleppte er auf seinem Rücken“ (53.1 f.). So wie der Ekel in der Familie wächst, wird auch die Abscheu des Lesers immer größer, bis auch er diesen Käfer, der immer rücksichtsloser wird, nicht mehr bemitleidet.

So genau allerdings der Körper des Käfers beschrieben wird, so ungenau und falsch sind die Bezeichnungen, die Kafka für einzelne Körperteile wählt. Anfangs versucht der Käfer mit dem „Mund“ die Tür zu öffnen. Auch die Begriffe „Oberkörper“ (9.33) und der „untere Teil seines Körpers“ (9.31) entsprechen nicht dem dreiteiligen Aufbau des Insektenkörpers in Kopf, Brust (Thorax) und Hinterleib (Abdomen). Die Facettenaugen des Käfers können nicht geschlossen werden, ebenso wenig wird man bei einem Käfer von einem Gesicht sprechen. Doch es ist nicht Kafkas Unkenntnis, die ihn zu dieser Wortwahl veranlasst. Vielmehr will er verdeutlichen, dass in dem Käferkör-per der Mensch Gregor eingeschlossen ist. Der Leser soll dieser Idee ohne weiteres Nachdenken folgen, und die Übertragung der menschlichen Begriffe auf den Käfer unterstützt dies.

Der Mensch Gregor im Käferkörper

Ein Bericht für eine Akademie – auch eine Verwandlung

KURZINFO

„Menschwerdung“ eines Affen

- Die Erzählung *Ein Bericht für eine Akademie* schildert keine äußerliche Verwandlung, sondern die Menschwerdung eines Affen.
- Dabei gelingt dem Affen die Verständigung mit den Menschen, was Gregor als Käfer versagt bleibt.

Der Affe Rotpeter

Im April 1917 verfasst Kafka eine Erzählung, die die „Menschwerdung“ eines Affen zum Thema hat. Zwar behält der Affe sein tierisches Äußeres – eine solche Verwandlung findet also nicht statt –, doch er erlernt die Verständigung mit Menschen, indem er zunächst ihre Gesten und später ihre Sprache lernt.

Der Affe Rotpeter wird von der Akademie aufgefordert, über sein äffisches Vorleben zu berichten, unklar bleibt, ob in einer Rede oder in einer Abhandlung. Obgleich seine tierische Vergangenheit erst fünf Jahre zurückliegt, hat der Affe die Erinnerung an das tierische Vorleben weitgehend verdrängt. Er muss sich für diese Zeit auf Berichte anderer verlassen. Dafür jedoch kann er der Akademie berichten, wie „ein gewesener Affe in die Menschenwelt eingedrungen ist und sich dort festgesetzt hat" (*Die Erzählungen*, S. 156). Nach einer Zeit der Gefangenschaft auf einem Hagenbeck'schen Dampfer sucht der Affe nach einem Ausweg aus seiner Lage.

Menschwerdung durch Nachahmung

Er beobachtet die Männer der Schiffsbesatzung und ahmt zunächst ihre Gesten nach, Spucken, den Handschlag, das Stopfen der Pfeife, Rauchen. Am schwersten fällt ihm das Schnapstrinken. Er glaubt, auch dies gehöre zur ‚Menschwerdung'. Als der Affe bei einem Fest an Bord zur allgemeinen Freude der Besatzung eine Flasche Schnaps leertrinkt und danach „Hallo!" ausruft, fühlt er sich der „Menschengemeinschaft" (ebd., S. 162) näher. Zunächst tritt er in Varietés auf, wird weltweit berühmt und erreicht „die Durchschnittsbildung eines Europäers" (ebd., S. 163). Als Gast wissenschaftlicher Gesellschaften nimmt er an Abendgesellschaften teil. Doch wenn er „spät nachts […] nach Hause" kommt, erwartet ihn „eine kleine halbdressierte Schimpansin", mit der er es sich „nach Affenart […] wohlergehen" lässt. Bei Tag aber sieht er „den Irrsinn des verwirrten dressierten Tieres im Blick; das erkenne nur ich und ich kann es nicht ertragen." (Ebd., S. 164)

Vergleich zwischen Gregor und Rotpeter

Rotpeter, der Affe, zerfällt wie Gregor Samsa in zwei grundverschiedene Persönlichkeiten. Rotpeter ist ein Affe mit angelernten menschlichen Fertigkeiten und Verständigungsmöglichkeiten, seine Sexualität bleibt „Affenart". Gregor ist unübersehbar ein Käfer, der tierische Verhaltensweisen zeigt, in dessen Kopf jedoch lange Zeit menschliche Empfindungen, Sehnsüchte und Gedanken dominieren. Beide haben also eine Verwandlung durchgemacht. Dabei verläuft die Verwandlung entgegengesetzt: Gregor Samsas Verwandlung vollzieht sich vom Menschlichen ins Tierische, Rotpeters vom Tierischen ins Menschliche. Sein Verwandlungsprozess ist ein langwährender Lernprozess, Gregor hingegen findet sich nach einer unruhigen Nacht verwandelt. Dem Affen gelingt, was Gregor misslingt, die Verständigung über die gesprochene Sprache und über die Körpersprache.

Bewusstsein und Existenz

> „Im Aufwachen des Affen im engen Käfig und im Aufwachen Gregor Samsas als Ungeziefer beschreibt Kafka die Zustände, in denen sich die Kreatur als Kreatur bewußt wird, das heißt in ihrer totalen Ohnmacht und Unfreiheit. […] das sind Situationen, in welchen man in der Hölle existiert […]. Was diesen Zustand zur Hölle macht, ist […] das Bewußtsein. Das Bewußtsein kann sich an Freiheit erinnern. […] Das Höllische liegt in der vollendeten Spaltung zwischen Bewußtsein und Existenz." (Sokel, 1983, S. 371)

In diesem Sinne ist Kafkas Brief an Felice vom 28.11.1912, also während er *Die Verwandlung* schreibt, zu deuten. Kafka wendet in dem Brief den Begriff „Verwandlung" auf sich selbst an und ergänzt ihn durch das Bild des Affen: „Als Erstgeborener bin ich viel photographiert worden und es gibt also eine große Reihenfolge von Verwandlungen. […] Gleich im nächsten Bild trete ich schon als Affe meiner Eltern auf." (*Briefe an Felice*, S. 138)

Apfel – Sündenfall

KURZINFO

Symbol des Unheils

- In der Bibel steht der Apfel für den Sündenfall, und in der antiken Mythologie werden ihm besondere Eigenschaften zugesprochen.
- Vor diesem Hintergrund muss der letztlich tödliche Apfelwurf des Vaters gesehen werden.

Der Vater als Rächer

Als Gregor erneut aus seinem Zimmer ausbricht, nachdem Mutter und Schwester das Zimmer ausgeräumt haben, also seinem Zufluchtsort die menschliche Vergangenheit genommen haben, versucht der Vater den Käfer wieder zurückzutreiben. Kurz bevor dieser die Tür zu dem Zimmer erreicht hat, wirft der Vater Äpfel nach Gregor. Dabei verletzt er seinen Sohn schwer, ein Apfel dringt in den Panzer ein. Wie „festgenagelt" (43.32) und in „vollständiger Verwirrung aller Sinne" (43.32 f.) nimmt Gregor gerade noch wahr, wie seine Mutter fast entkleidet aus dem Zimmer flieht, auf den Vater zueilend ihre Röcke verliert und in „gänzlicher Vereinigung mit ihm" (44.4 f.) ist. Während dieser sexuell aufgeladenen Szene versagt Gregors Sehkraft. Die Verletzung durch den Apfel führt zu einer nicht heilenden Wunde und ist letztlich mitschuldig an Gregors Tod.

Der Sündenfall

Bis heute ist der Apfel Symbol für den „Sündenfall“, dabei spielt die Schlange die Rolle des Verführers. Dafür verflucht Gott sie dazu, auf dem Bauch zu kriechen und ein Leben lang Erde zu fressen. Zudem verflucht Gott sie zur Feindschaft mit ‚dem Weib‘. Der Apfel, den Adam verspeist, verleiht ihm entsprechend der lateinischen Bibelübersetzung die Erkenntnis, was gut und böse ist. (Die wörtliche Übersetzung spricht davon, dass der Apfel umfassendes Wissen verleiht.) So wie Gregor sieht, wie seine entkleidete Mutter sich mit dem Vater vereinigt, erkennen Adam und Eva nach dem Verzehr der verbotenen Frucht, dass sie nackt sind.

Der Apfel als Symbol

Auch die antike Mythologie gesteht dem Apfel besondere Eigenschaften zu. So stiehlt der griechische Held Herakles die Äpfel der Hesperiden, die von drei Jungfrauen bewacht werden. Diese Äpfel schenken den Göttern dauerhafte Jugend.

Als weitere Beispiele für die Symbolkraft des Apfels steht der Apfel, den Eris, die Göttin der Zwietracht, bei der Hochzeit von Peleus und Thetis in die Hochzeitsgesellschaft rollt, weil sie nicht eingeladen wurde. Der Apfel trägt die Aufschrift „der Schönsten“ und wird der Anlass zum Trojanischen Krieg.

Sexualität

KURZINFO

Komplexes Geflecht von Anspielungen

- Immer wieder tauchen sexuell aufgeladene Motive in der Erzählung auf, z. B. die vergeblichen Liebeserlebnisse, die Frau im Pelz, der Apfelwurf, die gänzliche Vereinigung der Eltern, das Aufblühen der Schwester am Schluss der Erzählung.
- Diese Motive sind ambivalent; es handelt sich dabei sowohl um ersehnte Liebe als auch verbotene.

Gregors Gedanken an flüchtige und vergebliche Liebeserlebnisse, „ein Stubenmädchen aus einem Hotel in der Provinz, eine liebe, flüchtige Erinnerung, eine Kassiererin aus einem Hutgeschäft, um die er sich ernsthaft, aber zu langsam beworben hatte“ (47.19–23), der

Apfel als Symbol für Sünde und Sexualität, die Frau im Pelz, die kaum verdeckten Hinweise auf die körperliche Lie-be der Eltern und das Verlangen Gregors nach seiner Schwester weisen auf ein kompliziertes Geflecht von Anspielungen auf Sexualität in dieser Erzählung hin.

Die Frau im Pelz

Als Mann findet Gregor die Frau im Pelz so anziehend, dass er für sie einen Rahmen fertigt, als Käfer ist sie ihm so wertvoll, dass er sie mit seinem ganzen Körper zu schützen sucht, während sein Menschenzimmer leergeräumt wird. Er „presste sich an das Glas, das ihn festhielt und seinem heißen Bauch wohltat" (39.31 f.).

Der ödipale Konflikt

Nachdem der Vater Gregor mit Apfelwürfen wieder in sein Zimmer zurückgescheucht hat, sieht der Sohn mit einem letzten Blick und langsam versagenden Augen, wie die Mutter „in gänzlicher Vereinigung" (44.4) auf den Vater eindringt. Im ödipalen Konflikt unterliegt der Sohn dem Vater im Kampf um die Mutter. Zwar bittet die Mutter „um Schonung von Gregors Leben" (44.6 f.), doch schon längst hat Gregor sein Leben als menschliches Wesen, als Sohn verloren.

Inzest-Motiv

Noch einmal wird eine sexuell aufgeladene Stimmung erzeugt, als Gregor, das unansehnliche, unreinliche Ungeheuer, plant, seine Schwester aus der Gesellschaft der drei Zimmerherren in sein Zimmer zu entführen. Er stellt sich vor, mit ihr zusammen auf dem Kanapee zu sitzen, ihr anzuvertrauen, dass er sie auf das Konservatorium habe schicken wollen, und ihre tränenreiche Rührung mit Küssen auf den Hals zu besänftigen. Dass die Schwester den Hals „frei ohne Band oder Kragen" (54.12) trägt, also das Kindliche abgelegt hat, macht sie für Gregor, den Bruder, umso begehrenswerter.

Die Schwester jedoch verurteilt ihren Bruder zum Tode, und erst der Tod des Ungeheuers ermöglicht es ihr und der Familie, befreit in die Zukunft zu sehen. Die Tochter ist nun zu einem „schönen und üppigen Mädchen aufgeblüht" (63.30 f.) und dehnt „ihren jungen Körper" (63.36 f.), ein deutlicher Kontrast zu dem harten Panzer des Käfers.

Schuld

KURZINFO

Die Schuldhaftigkeit der menschlichen Existenz

- Die Schuld ist ein zentraler Aspekt der Erzählung, wobei Ursache und Entwicklung der Schuld verborgen bleiben.
- Der Begriff „Schuld" taucht nur im Zusammenhang mit dem Bankrott des Vaters auf.
- Die Schuld Gregors besteht darin, dass er sich durch die Verwandlung in einen Käfer aller Pflichten entzieht.

Heinz Politzer sieht in seiner Deutung der Erzählung die Schuld Gregors als zentralen Aspekt der Erzählung. Allerdings bleibe die Ursache und Entwicklung der Schuld verborgen, daher gerate der Leser in die „unbequeme Lage eines Detektivs, der den Verbrecher in sicherem Gewahrsam vor sich sieht, jedoch über die Schuld dieses Verbrechers und die Berechtigung seiner Verfolgung in völligem Zweifel schwebt" (Politzer, 1965, S. 104).

Schuld und Schulden

Allerdings taucht der Begriff „Schuld" im Zusammenhang mit dem Bankrott des Vaters auf, denn dadurch sieht sich Gregor gezwungen, die „Schuld" der Eltern abzuarbeiten. Schuld trügen somit zuallererst die Eltern, die Gregor zur Aufnahme der verhassten Arbeit gezwungen hätten. Gregors Einstellung zur Arbeit ist dementsprechend negativ, zugleich aber empfindet er nach der Verwandlung, die ihn sozusagen von der Arbeit befreit hat, Schuld, und zwar dafür, dass er nun nicht mehr für die Familie sorgen kann.

Der Kampf zwischen Vater und Sohn

Im letzten Teil des *Briefes an den Vater* lässt Franz Kafka seinen Vater fiktiv auf die Vorwürfe seines Sohnes antworten und kommt dabei auf seine Schuld als Sohn zu sprechen:

> „Du hast Dir nämlich in den Kopf gesetzt, ganz und gar von mir leben zu wollen. Ich gebe zu, daß wir miteinander kämpfen, aber es gibt zweierlei Kampf. Den ritterlichen Kampf, wo sich die Kräfte selbstständiger Gegner messen, jeder bleibt für sich, verliert für sich, siegt für sich. Und den Kampf des Ungeziefers, welches nicht nur sticht, sondern gleich auch zu seiner Lebenserhaltung das Blut saugt. Das ist ja der eigentliche Berufssoldat und das bist Du. Lebensuntüchtig bist Du; um es Dir aber darin bequem, sorgenlos

und ohne Selbstvorwürfe einrichten zu können, beweist Du, daß ich alle Deine Lebenstüchtigkeit Dir genommen und in meine Taschen gesteckt habe. Was kümmert es Dich jetzt, wenn Du lebensuntüchtig bist, ich habe ja die Verantwortung, Du aber streckst Dich ruhig aus und läßt Dich, körperlich und geistig, von mir durchs Leben schleifen." (*Brief an den Vater*, S. 59)

Vergleich des Sohnes mit einem Parasiten

Wenn der Vater im fiktiven Dialog seinen Sohn, Franz Kafka, mit einem parasitären Insekt vergleicht, der auf Kosten eines anderen lebt, so lässt sich dies auf die Erzählung übertragen. Die Schuld Gregors besteht demnach darin, sich durch seine Verwandlung aller Pflichten entzogen zu haben, als sei die Lebensuntüchtigkeit des Käfers ein boshaftes Ausbrechen aus der gesellschaftlichen Verantwortung.

Doch Gregors Schuld resultiert auch aus der Vergangenheit. Sein Verhalten und sein Geld haben die Eltern entmündigt, den Vater entmachtet und die Schwester zu einem kindlichen Familienmitglied gemacht. Die Familie ist vollständig von ihm abhängig gewesen, sogar das Recht des Vaters, die Zukunft seiner Tochter zu bestimmen, wollte Gregor hintergehen. Zugleich hat ihn seine Selbstisolierung in seinem Zimmer jeglicher Rechenschaft und Diskussion über die Zukunft enthoben. Ein interessanter Akzent, den der Briefauszug setzt, ist der Hinweis auf den Berufssoldaten, der als Parasit lebt. Damit kommt dem Foto Gregors als Leutnant, „wie er, die Hand am Degen, sorglos lächelnd, Respekt für seine Haltung und Uniform verlangte" (19.1 f.) eine besondere Bedeutung zu, die das zuvor Gesagte noch einmal unterstreicht: Schon zu dieser Zeit war Gregor ein parasitenhaft Kämpfender. Die „straffe blaue Uniform" (42.17 f.) des Vaters dagegen belegt, dass er sein Geld ehrenhaft verdient.

Kommunikation

KURZINFO

Das Käferdasein als Spiegel von Verlusterfahrungen

- Gestörte, misslungene und missverstandene Kommunikation ist ein weiteres zentrales Thema der Erzählung.
- Der Käfer als eingekapselter Mensch kann sich nicht mehr verständlich machen.

Ein zentrales Thema der Erzählung ist die gestörte, misslungene und missverstandene Kommunikation. Der eingekapselte Mensch kann sich nicht mehr verständlich machen, weder mit seiner Körpersprache, Mimik, Gestik noch seiner Sprache.
Schon vor der Verwandlung scheint Gregor nur wenig Kontakt mit seiner Familie zu haben. Auf seinen Reisen erinnert er sich zwar „mit einigem Verlangen" an die „lebhaften Unterhaltungen der früheren Zeiten" (44.31 f.), vor allem seine Gespräche mit der Schwester über ihre Zukunft am Konservatorium bleiben Gregor im Gedächtnis. Doch wenn er zu Hause ist, scheint Gregor mit seiner Familie am Tisch zu sitzen und „still die Zeitung" zu lesen, oder er „studiert Fahrpläne" (13.6). Allenfalls zieht er sich in sein Zimmer zurück. Er signalisiert seiner Familie, dass er nach seiner schweren Arbeit in Ruhe gelassen werden möchte, gleichzeitig aber vermisst er Anerkennung und Herzlichkeit, so wie beim ersten Mal, als er Geld nach Hause gebracht hat.
Auch während seiner Reisetätigkeit scheint er keine Kontakte zu anderen Handelsvertretern zu haben, von denen er neidisch sagt, sie lebten „wie Haremsfrauen" (6.22), stünden spät auf und frühstückten ausgiebig.

Verlust der sprachlichen Mittel

Die Verwandlung in einen Käfer macht es Gregor dann gänzlich unmöglich, an der menschlichen Kommunikation teilzunehmen. Er kann zwar das Gehörte verstehen, ist auch in der Lage, die Körpersprache seiner Umgebung zu deuten, doch ihm fehlen nun die menschlichen Ausdrucksmöglichkeiten. Zwar glaubt er anfangs noch, sich verständlich machen zu können, doch der Prokurist versteht kein einziges Wort, sondern glaubt, „eine Tierstimme" (16.13) vernommen zu haben.
Begierig, den Gesprächen in der Familie zu lauschen, horcht Gregor, während er „aufrecht an der Türe klebte" (31.14). Er nimmt zwar am Leben der Familie teil, doch allmählich erkennt er immer deutlicher, „dass der Mangel jeder unmittelbaren menschlichen Ansprache, verbunden mit dem einförmigen Leben inmitten der Familie" (37.17–19), sein Verständnis für das Handeln der Familie verringert.

Die missverständliche Körpersprache

Gregor ist also in vielfacher Weise hilflos eingeschlossen in seinem Zimmer, abseits der Familie, in seinem Panzer und in seiner Sprachlosigkeit. Er vermag die Außenwelt zwar zu verstehen, kann sich selbst aber weder verbal noch mit seiner Körpersprache verständigen. So sehr er sich bemüht, seine Gedanken, Wünsche und Bedürfnisse mit seinem Verhalten und seiner Körpersprache zu artikulieren, so schnell kommt es auch zu Missverständnissen. Die tierischen Ausdrucksmöglichkeiten können von der Familie und den anderen Personen nicht im Sinne des von Gregor Gemeinten entschlüsselt werden, sondern werden als tierische Reaktionen gewertet. Wenn Gregor dem Prokuristen folgt, um ihn flehentlich zum Bleiben zu bewegen, so sieht der Prokurist in Gregors Verhalten nur einen furchteinflößenden aggressiven Akt des Käfers und flieht in panischer Angst. Seinem Vater vermag Gregor seinen guten Willen bei der Rückkehr in sein Zimmer nicht klarzumachen, vielmehr missversteht der Vater sein Verhalten als Boshaftigkeit des Tieres. Seiner Schwester zeigt Gregor sein Verständnis für ihre Furcht vor seinem Anblick, indem er ein Leintuch über sich ausbreitet. Hilflos muss der Käfer mit ansehen, wie sein Zimmer leergeräumt wird. In höchster Verzweiflung verlässt er sein Versteck und setzt sich auf das von ihm geliebte Bild der Frau im Pelz, um mit diesem Signal seinen Besitzanspruch zu zeigen. Doch seine Schwester sieht darin nur erneute Boshaftigkeit ihres Bruders. Mit einer eindeutigen Geste und „eindringlichen Blicken“ (40.21) droht sie Gregor, den sie nun das erste Mal seit der Verwandlung unmittelbar anspricht: „‚Du, Gregor!‘“

Es zeigt sich auch, dass die lebhafte Unterhaltung der Familie in früherer Zeit nur möglich war, weil Gregor für seine Familie gearbeitet hat. Nun da die Eltern und die Schwester gezwungen sind zu arbeiten, geht es abends „sehr still zu“ (44.35). „Mit der Zerstörung von Gregors Worten, des Mediums der Ratio, geht die elementare Wahrheit einher, die Degeneration auf eine ‚primitive‘ Existenzform und die Hingabe an die allmähliche Auslöschung seiner menschlichen Existenz. Seine Verhaltensmöglichkeiten ähneln denen eines Kleinkinds. Als Tier vermag er schlechterdings keinen ‚menschlichen Husten‘ hervorzubringen. Er wird schließlich zum bloßen Ding, zur toten Hülle, die man wegfegt – eine Reduktion auf Körperliches: ‚Körper‘ ist eines der Hauptworte der Verwandlung“ (Cersowsky, 1993, S. 239).

Gregors Degeneration

Kurz vor seinem Tod stellt Gregors Vater zweimal die Frage, die den Verlauf der Erzählung entscheidend hätte beeinflussen können: „Wenn er uns verstünde" (57.3/6). Doch die Schwester, die nun zum größten Widersacher Gregors geworden ist, gibt zu verstehen, „dass daran nicht zu denken sei" (57.5). Keiner kann angesichts der äußeren Gestalt vermuten, dass Gregor als verwandeltes Mitglied der Familie alle Gespräche mitverfolgt hat.
Erst nach Gregors Tod findet die Familie wieder zurück zu lebhaften Gesprächen, die die Zukunft, vor allem der Tochter, betreffen.

Raum – Türen

KURZINFO

Symbole des Eingeschlossenseins

- So wie der Panzer des Käfers Gregors Inneres, seine menschlichen Gedanken, Gefühle und Erinnerungen, radikal und unumkehrbar verschließt, so bleibt Gregor auch in seinem Raum eingeschlossen.
- Der ehemalige Zufluchtsort des Handelsreisenden und Junggesellen Gregor Samsa wird im Moment der Verwandlung zum Gefängnis. Auch den erweiterten Außenraum, die Wohnung, kann er nicht mehr verlassen.
- Während die Familie am Schluss Licht und Sonne genießen kann, riecht Gregors Zimmer nach einem widerlichen Insekt und nach Tod.

Die Erzählung *Großer Lärm*

In der kurzen Erzählung *Großer Lärm* von 1912 beschreibt der Ich-Erzähler, der aufgrund des Namens der darin erwähnten Schwester Valli mit Kafka in Verbindung gebracht werden kann, seine kaum erträgliche Wohnsituation: „Ich sitze in meinem Zimmer im Hauptquartier des Lärms der ganzen Wohnung. Alle Türen höre ich schlagen […]. Der Vater durchbricht die Türen meines Zimmers und zieht im nachschleppenden Schlafrock durch […]. Valli fragt, durch das Vorzimmer Wort für Wort rufend, ob des Vaters Hut schon geputzt ist, ein Zischen, das mir befreundet sein will, erhebt noch das Geschrei einer antwortenden Stimme." (*Die Erzählungen*, S. 253)
Auch Gregors Zimmer liegt im Zentrum der Wohnung. Es gibt drei Türen, vor denen sich nach der Verwandlung die einzelnen Familienmitglieder einfinden, um nach Gregor zu fragen. Fast scheint es, als sei Gregor von seiner Familie eingekreist.

Raum als Symbol

Der Handlungsraum Gregors, sein „richtiges, nur etwas zu kleines Menschenzimmer“ (5.13 f.), gewinnt schon mit den ersten Sätzen symbolischen Wert. Es ist ein Raum, in dem Gregor von der Familie isoliert lebt, der nur scheinbar im Zentrum des Geschehens liegt.

> „Gregors psychische Situation in der Familie wird durch die physische Situation seines Zimmers ganz genau ausgedrückt. Einerseits ist er auf allen Seiten von der Familie umringt, umklammert und eingeschlossen. Der erwachsene Mann Gregor ist ein Gefangener in seiner Familie [...]. Andrerseits ist er aber in der Familie ein völlig Fremder und lebt inmitten seiner Familie in dem Exil, das Kafka in seinem Tagebuch ‚russisch‘ nennt.“ (Sokel, 1983, S. 86)

Gefangenschaft

Der Raum wird von Gregor durch seine Fähigkeit als Käfer, Wände und die Decke zu nutzen, um ein Vielfaches erweitert. Dennoch erlangt er damit keinerlei Befreiung. Gregor hat gewohnheitsgemäß seine Zimmertüren verschlossen, er begründet dies mit seiner „vom Reisen her übernommene[n] Vorsicht, auch zu Hause alle Türen während der Nacht zu versperren“ (8.30–32). Doch es entsteht der Eindruck, als habe Gregor schon vor seiner Verwandlung eine Art Panzer gegen die Außenwelt schaffen wollen, indem er demonstrativ seinen Wunsch nach Abgrenzung demonstriert.

Keine Intimsphäre

Energisch fordert der Vater Gregor auf, den Prokuristen in sein Zimmer zu lassen; als Gregor nicht öffnet, soll die Tür von einem Schlosser aufgebrochen werden. Gregors Intimsphäre ist in dem Moment nicht mehr schützenswert, in dem es um die wirtschaftliche Perspektive geht, dass der Sohn nämlich nicht pflichtgemäß zu seiner Arbeit geht.

Als es Gregor gelingt, mühevoll die Tür zu öffnen, und er in seiner Käfergestalt auftaucht, wird er letztlich von seinem Vater in sein Zimmer zurückgedrängt und verletzt sich dabei an der Tür. Fortan werden die Türen von außen verschlossen, und Gregor verliert das Recht, seinen Aufenthaltsort selbst zu bestimmen, die Familie hat den Sohn endgültig entmündigt. Als er das zweite Mal das Zimmer verlässt, treibt der Vater ihn brutal in sein Zimmer zurück, nachdem er den Käfer mit Apfelwürfen schwer verletzt hat. Wie zur Widergutmachung erlaubt die Familie schließlich, dass der Käfer durch die einen Spaltbreit geöffnete Tür am Familienleben teilhat. Wenn Gregors Mutter die Türe schließen lässt, spürt Gregor die Wunde in seinem Rücken erneut, als schmerze ihn die Behandlung durch die Mutter ganz besonders. Das Schließen und Öffnen der Tür geht also einher mit fast kindlicher Empfindung der Freude oder Entbehrung. Noch ein letztes Mal versucht Gregor die Tür als Möglichkeit zu nutzen, unmittelbaren Kontakt mit seiner Schwester aufzunehmen und sein Gefängnis zu verlassen. Doch dieses Mal wird das endgültige Urteil über ihn gesprochen, und er kehrt verzweifelt in sein Zimmer zurück. Als er schon in der Tür ist, blickt er sich noch einmal um: „Sein letzter Blick streifte die Mutter, die nun völlig eingeschlafen war." (58.23f.) Als die Tür hinter ihm zugeschlagen wird, ist sein Tod besiegelt.

Der letzte Blick auf die Mutter

Selbst wenn Gregor sein Zimmer verlässt, so scheitert er gerade an jenem Teil des Hauses, der Eintreten, Flucht, Verlassen und Ausflug ermöglicht: der Treppe, die das zentrale Hindernis für den Käfer ist. Mehrfach wird deutlich gemacht, welche Bedeutung die Treppe in dieser Erzählung hat. Der Prokurist nutzt sie zur Flucht, ebenso wie die Zimmerherren, die beim Verlassen der Wohnung auf der Treppe von der Familie Samsa beobachtet werden. Gleichzeitig mit ihnen steigt ein „Fleischergeselle mit der Trage auf dem Kopf in stolzer Haltung" (62.3f.) herauf. Den Untermietern, die das Haus nach dem Tod des Käfers verlassen, begegnet das junge stolze Leben, das sich später auch in der aufblühenden Grete Samsa widerspiegeln wird. Als die Familie Samsa gemeinsam die Wohnung verlässt, wird die Treppe nicht mehr erwähnt, für sie ist die Treppe kein erwähnenswertes Hindernis.

Treppe als zentrales Hindernis für den Käfer

Kanapee, Bett und Schlaf

KURZINFO

Zentrale Fluchtpunkte

- Immer wieder beschreibt Kafka in seinen Briefen seine Schlaflosigkeit und gleichzeitig die Überwindung, die es kostet, das Bett zu verlassen.
- Auch für Gregor, den nachtaktiven Käfer, wird das Kanapee zu einem bedeutsamen Bezugspunkt.

Übergang vom Wachsein zum Träumen

Die Suche nach Schlaf, das lange Verweilen tagsüber im Bett, die Nächte, in denen er bis zum Morgen schreibt, der Übergang vom Wachsein zum Träumen, durchziehen Kafkas Briefe und Tagebücher. Am 21. August 1912 vermerkt Kafka in seinem Tagebuch:

> „Als ich heute nachmittag im Bett lag und jemand einen Schlüssel im Schloß rasch umdrehte, hatte ich einen Augenblick lang Schlösser auf dem ganzen Körper wie auf einem Kostümball. [...]
> Diesen Monat, der wegen der Abwesenheit des Chefs besonders gut hätte benützt werden können, habe ich ohne Rechtfertigung [...] vertrödelt und verschlafen. Noch heute nachmittag habe ich mich mit träumerischen Entschuldigungen drei Stunden auf dem Bett gedehnt." (*Tagebücher 1910–1923*, S. 179)

Kafkas Schlaflosigkeit

Am 24. Oktober 1912 – also eine Woche, nachdem er begonnen hat, *Die Verwandlung* zu schreiben – schildert er Felice Bauer seine Schlaflosigkeit:

> „War das heute eine tüchtig schlaflose Nacht, in der man sich gerade noch zum Schluß, in den letzten zwei Stunden, zu einem erzwungenen, ausgedachten Schlafe zusammendreht, in dem die Träume noch lange nicht Träume und der Schlaf erst recht kein Schlaf ist." (*Briefe an Felice*, S. 51)

Und so erwacht auch Gregor „aus unruhigen Träumen" (5.2) und findet sich verwandelt. Nachdem er seinen ungeheuren Körper wahrgenommen hat, tut er seine Beobachtungen als „Narrheiten" (5.28) ab und überlegt: „Wie wäre es, wenn ich noch ein wenig weiterschliefe" (5.26 f.). Nicht sein Entsetzen über die Verwandlung hält ihn davon ab, sondern der Umstand, dass er mit seinem Käferkörper nicht auf der rechten Seite – wie gewohnt – schlafen kann. Doch er verweilt weiter im Bett und denkt über seinen Beruf nach. Mehrfach versucht er das Bett zu verlassen, findet aber immer neue Entschuldigungen, um liegen zu bleiben. Er hofft dabei auf „die Wiederkehr der wirklichen und selbstverständlichen Verhältnisse" (10.24 f.). Erst die Ankunft des Prokuristen bringt Gregor so in Erregung, dass er sich aus dem Bett schwingt. Nach der Flucht vor dem Vater „erwachte Gregor aus seinem schweren ohnmachtsähnlichen Schlaf" (24.2 f.), nun ist es aber das Erwachen des Käfers, der sich nicht mehr in das Bett zurückziehen kann.

Das Kanapee wird jetzt zum zentralen Zufluchtsort, es wird für Gregor unentbehrlich (vgl. 38.6). Unter dem Kanapee versteckt sich der Käfer, auch wenn es für ihn beengend ist, weil er kaum darunterpasst. Erst die Idee, über das Kanapee und sich ein Leintuch zu werfen, verbessert seine Lage.

Das Kanapee als Versteck

Zunehmend verbringt Gregor die Tage und Nächte schlaflos, immer noch gehen ihm – wie seinerzeit im Bett – die Gedanken um das Wohlergehen der Familie durch den Kopf.

Sinneswahrnehmungen

KURZINFO

Nahrung für die Seele

- Mit den körperlichen Veränderungen verändern sich auch die Sinne.
- Gregor sieht nicht mehr so gut und sein Geschmack bevorzugt tierische Nahrung.
- Neu ist sein Sinn für Musik.

Die körperliche Veränderung, die Gregor sofort an sich wahrnimmt, geht einher mit einer allmählichen Veränderung der Sinne. Zunächst nimmt offensichtlich das Sehen ab, wenngleich Gregor glaubt, es liege am Morgennebel, dass er sogar die andere Seite der Straße nicht mehr erkennt (vgl. 10.18 f.).

Veränderung der Sinneswahrnehmungen

Schon am zweiten Morgen muss er feststellen, dass sein Geschmack sich vollständig zum Tierischen hin verändert hat. Allmählich verliert er völlig den Appetit, allerdings stört ihn die Lieblosigkeit, mit der seine Schwester „eiligst […], mit dem Fuß irgendeine beliebige Speise“ (47.34–36) in sein Zimmer schiebt.

Als er die tierische und die menschliche Nahrung nicht mehr zu sich nimmt, erkennt Gregor zum Schluss eine völlig neue, ersehnte und unbekannte (vgl. 53.28 f.) – die Musik! Als Mensch hatte Gregor sich nichts aus dem Violinenspiel seiner Schwester gemacht, nun aber ergreift sie ihn so, dass er seine Schwester zu sich zu holen möchte, damit sie nur für ihn spielt.

Das Tier und die Musik

Die paradoxe Frage „War er ein Tier, da ihn Musik so ergriff?“ (53.27 f.) deutet die Möglichkeit der Erlösung an, auch wenn die Verurteilung durch die Schwester

folgt. Die Musik lässt das Ungeziefer alles Körperliche vergessen. Die Erlösung folgt – mit einer Anspielung an die Kreuzigungsstunde von Christus –, als „die Turmuhr die dritte Morgenstunde schlug“ (59.12 f.).
In dem *Brief an den Vater* erinnert sich Franz Kafka an die gemeinsamen Mahlzeiten mit seinem Vater:

> „Da ich als Kind hauptsächlich beim Essen mit Dir beisammen war, war Dein Unterricht zum großen Teil Unterricht im richtigen Benehmen bei Tisch. […] Weil Du entsprechend Deinem kräftigen Hunger und Deiner besonderen Vorliebe alles schnell, heiß und in großen Bissen gegessen hast, mußte sich das Kind beeilen“ (*Brief an den Vater*, S. 14).

Mehrfach wiederholt Franz Kafka, dass gerade der Appetit des Vaters, dem er „nicht folgen“ (ebd. S. 15) konnte, für ihn niederdrückend waren. In dem Maße, in dem Nahrung und Nahrungsaufnahme offenbar in Kafkas Erinnerung einen besonderen Stellenwert einnahmen, spielt dies auch in der Erzählung eine besondere Rolle. Nachdem zunächst menschliche Nahrung für den Käfer ungenießbar ist, dagegen gerade das Verschimmelte den Käfer anzieht, wird die Nahrung immer unbedeutender. Schließlich hat es den Anschein, als sei der Käfer verhungert.

Darstellung

Erzähltechnik

KURZINFO

Wechsel der Perspektiven

- Die personale Erzählhaltung ermöglicht es, Gregors Käferperspektive und seine Gedanken nachzuvollziehen.
- Allerdings dringt immer wieder eine auktoriale Perspektive in die Erzählung ein. Vor allem am Anfang und am Schluss wird dies deutlich.

Der erste Satz

Schon im ersten Satz übernimmt der Erzähler mit der Darstellung – Gregor „fand sich" verwandelt – kaum merklich die Perspektive Gregors: Dieser erwacht und befindet sich in einem ihm völlig unbekannten Körper, ohne dass er etwas Näheres über den Grund, die Ursache oder die Art und Weise der Verwandlung sagen könnte.

Der allwissende Erzähler

Zugleich aber scheint auch ein distanziert beobachtender, allwissender Erzähler auf diesen Käfer herabzublicken, denn der Erzähler weiß von den „unruhigen Träumen", aus denen Gregor erwacht, zudem schildert er ihn als „ungeheures Ungeziefer", das auf seinem „panzerartig harten Rücken" liegt.

Perspektiverzählung

Im zweiten Absatz gewinnt der Leser die Gewissheit, dass der Erzähler im Folgenden hinter Gregor tritt, seine Perspektive übernimmt und das darstellt, was Gregor wahrnimmt, empfindet, zu sagen glaubt (denn er wird ja – im doppelten Sinn – nicht mehr verstanden) und denkt.

Diese Erzählhaltung wird besonders deutlich an jenen Stellen, an denen Gregor die Handlungsweise von Personen aus seiner subjektiven Sicht beurteilt. So hält er beispielsweise Gretes Eile, mit der sie das Zimmer nach der Fütterung verlässt, für Zartgefühl, da sie ihn wohl nicht beim Essen stören will. Als Grete die Tür abschließt, glaubt er hierin ein Zeichen zu erkennen, dass er sich nun ungestört fühlen kann. Dabei sind Gretes Handlungen nur Indizien für ihre Angst und Abscheu.

Personales Erzählen

Erlebte Rede, innerer Monolog und Wiedergabe von Gedanken als Merkmale des personalen Erzählens lassen den Leser aus Gregors Perspektive die Umwelt und den verwandelten Körper wahrnehmen.

„Was ist mit mir geschehen?“ (5.12), überlegt Gregor nach dem Erwachen. Diesem ersten Gedanken folgt eine sehr subjektive Betrachtung des Zimmers, die allerdings kurz durch einen allwissenden (auktorialen) Erzähler kommentiert wird: „Samsa war Reisender“ (5.17). In ähnlicher Weise scheint kurz vor dem Schluss einen Moment lang ein auktorialer Erzähler einzugreifen, wenn über Gregor gesagt wird: „Die Enttäuschung über das Misslingen seines Planes, vielleicht aber auch die durch das viele Hungern verursachte Schwäche machten es ihm unmöglich, sich zu bewegen.“ (55.35–37)
Durch die Wiedergabe von Gregors Gedanken erleben die Leser das Geschehen aus seiner subjektiven Sicht und werden fortlaufend mit Gregors Deutung der Geschehnisse konfrontiert: „‚Dies frühzeitige Aufstehen‘, dachte er, ‚macht einen ganz blödsinnig. Der Mensch muss seinen Schlaf haben.‘“ (6.19–21)

Erlebte Rede

Sind Gregors Gedanken durch begleitende Verben („dachte er“) und die Anführungszeichen noch leicht zu erkennen, so fällt dies bei der erlebten Rede, die die gleiche Wirkung hat wie der innere Monolog, nicht so leicht.

Käferperspektive und Komik

Die erlebte Rede unterscheidet sich dadurch vom Erzählbericht, dass statt äußerer Vorgänge innere Erlebnisse mitgeteilt werden. Dabei wird jedoch – wie im Erzählbericht – die 3. Person Präteritum (Indikativ) verwendet: „Nun, ruhig hatte er ja nicht geschlafen, aber wahrscheinlich desto fester. Was aber sollte er jetzt tun? Der nächste Zug ging um sieben Uhr; um den einzuholen, hätte er sich unsinnig beeilen müssen, und die Kollektion war noch nicht eingepackt“ (7.11–15). Die Leser nehmen also teil an Gregors Denken, erst wenn wir uns davon lösen, wird die Absurdität dieses Gedankengangs deutlich. Der Käfer findet die Entschuldigung, dass er den Zug verpassen wird, darin, dass er sich ‚unsinnig‘ beeilen muss. Kein Gedanke wird daran vergeudet, dass es ihm als Käfer jetzt und in Zukunft unmöglich sein wird, einen Zug zu erreichen. Aus dieser Diskrepanz von Denken und Wirklichkeit, der die Leser folgen, entstehen bei genauer Betrachtung komische Augenblicke.
Der Schluss der Erzählung, der nach Gregors Tod das Wiedererstarken der Familie zeigt, ist immer wieder – auch von Kafka selbst – als Bruch in der Erzählung kritisiert worden. Man kann diesen Bruch aber auch als Kon-

sequenz der Erzählung sehen. Natürlich muss nach dem Tod Gregors die Erzählperspektive geändert werden, da ja die Sicht Gregors nicht mehr einzuhalten ist. Es wirkt so, als habe mit Gregor auch der Erzähler die „Bühne" verlassen und als überließe er die Figuren nun einer neutralen Perspektive. Die Rückkehr der Familie zur Normalität korrespondiert mit der Neutralität der Perspektive eines neutralen Erzählens.

Neutrale Perspektive

Das Ungeheuerliche ist vorbei, die Familie kehrt zurück zur Ereignislosigkeit eines spießigen bürgerlichen Lebens. Die durch die Verwandlung gestörte Ordnung ist wiederhergestellt. Die unruhige und verstörende Perspektive des Käfers weicht der neutralen Erzählhaltung.

Sprache

KURZINFO

Offenlegung der Gefühle und Gedanken

- Genauigkeit und Sachlichkeit prägen Kafkas Stil
- Zahlreiche Einschübe lenken die Aufmerksamkeit auf Details.

Auf den ersten Blick scheint Kafkas Sprache so wenig von der gehobenen Alltagssprache entfernt, dass man glaubt, keine sprachlichen Besonderheiten zu erkennen. Im Zusammenhang damit ist es schwierig, Kafka vom Sprachlichen her einer literarischen Richtung zuzuordnen. Seine Ausdrucksweise ist weder naturalistisch noch expressionistisch oder modern experimentell, sie ist sachlich und nüchtern.

Sachlichkeit der Sprache

Und gerade dieser Wille zur Sachlichkeit, verbunden mit dem Ziel der Genauigkeit, prägen den Stil der Erzählung: So wird das äußere Erscheinungsbild des Käfers durch die gehäufte Verwendung von Adjektiven oder adjektivisch gebrauchten Partizipien zoologisch präzise mitgeteilt. Der Käfer hat einen „panzerartig harten Rücken", einen „gewölbten, braunen, von bogenförmigen Versteifungen geteilten Bauch" (5.4–7).

Dass dieser Körper, den Gregor noch nicht akzeptieren will, den er auch noch nicht beherrscht, sozusagen gegen seinen erklärten Willen doch zu ihm gehört, wird durch das Possessivpronomen „sein" im ersten Abschnitt unterstrichen.

Schon der erste Satz der Erzählung weist den Leser durch das Negationspräfix „Un-“ auf die radikale Abweichung von der anerkannten Norm hin. Gregor ist zu einem „ungeheueren Ungeziefer“ (5.2f.) verwandelt und wacht aus „unruhigen Träumen“ (5.2) auf.

Funktion der Einschübe

Immer wieder unterbrechen Einschübe, die häufig überraschende Informationen enthalten, den Erzählfluss. Während Gregors Blick langsam über seinen Käfer-Körper streift, fällt ihm plötzlich in einem Einschub auf, dass die Bettdecke auf der Höhe seines Bauchs „zum gänzlichen Niedergleiten bereit“ (5.7f.) ist.

Dann fällt der Blick Gregors auf sein Zimmer, um in einem überraschenden Einschub mitzuteilen, dass es tatsächlich ein richtiges, „nur etwas zu kleines Menschenzimmer“ (5.13f.) ist. Im zweiten Absatz vermischen sich also Gregors und des Käfers Eindrücke. In demselben Absatz erfährt der Leser in einem deutlich markierten Einschub, dass Gregor Reisender ist. Das zentrale Problem Gregors wird fast nebenbei mitgeteilt. Auch das Bedeutsamste an dem Bild, das in Gregors Zimmer hängt, wird wie nebenbei vermittelt. Das Bild „stellte eine Dame, dar, die, mit einem Pelzhut und einer Pelzboa versehen, aufrecht dasaß“ (5.20f.).

Dieses sprachliche Muster der Einschübe oder Einschränkungen von Aussagen durchzieht die gesamte Erzählung und erhöht die Aufmerksamkeit auf diese Details, da der Lesefluss kurz gestaut wird.

Behördendeutsch

Neben kurzen und knappen Sätzen stößt der Leser häufig auf Schachtelsätze, die in ihrer Komplexität an jene Sprache erinnern, die Kafka berufsmäßig verwenden musste: juristisches Behördendeutsch. Nach seiner Promotion 1906 zum Doktor der Rechtswissenschaft arbeitete er seit 1908 in der „Arbeiter-Unfall-Versicherungs-Anstalt für das Königreich Böhmen und Prag“. Doch während die Berichte und Protokolle für die Versicherungsgesellschaft den typischen schwer verständlichen Jargon der Amtssprache mit verschachtelten Sätzen aufweisen, gelingt es Kafka, in seiner Erzählung elegante Satzkonstruktionen zu verfassen. Zwar reihen sich mehrfach Nebensätze an Nebensätze, verbunden mit Einschüben, doch der Leser behält jederzeit den Überblick über das Gesagte.

Die wörtliche Rede

Während die Erzählhaltung, wie zuvor beschrieben, vorwiegend die Perspektive Gregors widerspiegelt, gelingt es dem Leser, auch die Gedanken der übrigen Personen in Ansätzen zu erfassen. Die wörtliche Rede verrät dabei zuweilen mehr, als die Personen zugeben wollen. Wenn Grete etwa sagt, „Weg muss es" (57.11), so wird damit die Existenz Gregors als Mensch, als Bruder, als Familienmitglied ausgelöscht, er wird zur Sache, über die verhandelt wird.

Komik

KURZINFO

Unerwartete Momente

- Komische Situationen entstehen durch überraschende Konfrontationen des Alltäglichen mit dem Außergewöhnlichen und die unangemessene Reaktion darauf.
- In Gregors Verhalten zeigt sich ein skurriles Missverhältnis von Denken, Handeln und Sein.

Kafkas Sinn für das Komische

Kafkas Sinn für Humor und Komik bleibt weitgehend unberücksichtigt. Seine Zeitgenossen bezeugten, dass er gelegentlich beim Vortrag seiner Erzählungen in Gelächter ausgebrochen sei. Max Brod berichtet, dass Kafka beim Vorlesen des ersten Teils seines Romans *Der Prozess* so gelacht habe, dass er die Lesung immer wieder unterbrechen musste.

Vom 8. zum 9. Januar 1913 schreibt er an seine Geliebte Felice Bauer: „Ich kann auch lachen, Felice, zweifle nicht daran, ich bin sogar als großer Lacher bekannt, doch war ich in dieser Hinsicht früher viel närrischer als jetzt." (*Briefe an Felice*, S. 237)

Schon der Beginn der Erzählung *Die Verwandlung* schildert komisch anmutende Szenen: Mit überraschender Gleichmütigkeit nimmt der Riesenkäfer seinen Körper wahr, betrachtet dann die „Musterkollektion von Tuchwaren" (5.16), deren Stoffe in völligem Gegensatz zu der Erscheinung des Käfers stehen, und wird „ganz melancholisch" (5.26), als er das Geräusch von Regen auf dem Fensterblech hört.

Die Komik entsteht durch die überraschende Konfrontation des Alltäglichen mit dem Außergewöhnlichen und die unangemessene Reaktion auf diese Begegnung. Gregor steht in einem extremen Widerspruch zwischen seiner Lage, Gestalt und seiner Einsicht in die Folgen daraus. Er zieht keinerlei Schlussfolgerungen für sein Verhältnis zur menschlichen Gesellschaft, sondern denkt und verhält sich wie der Handelsreisende Gregor Samsa.

Situationskomik

Mit der Vernunft eines Schizophrenen plant Gregor seinen Tag, obgleich er seine unzähligen kleinen Beinchen beobachtet, nimmt er sich vor, „sich an[zu]ziehen und vor allem [zu] frühstücken, und dann erst das Weitere [zu] überlegen, denn, das merkte er wohl, im Bett würde er mit dem Nachdenken zu keinem vernünftigen Ende kommen" (8.33–37).

Das Ungeziefer versucht mit aller Kraft, die Bettdecke festzuhalten, wirft sich dann immer wieder auf die rechte Seite, jene Seite, auf der Gregor als Mensch immer geschlafen hat, um letztlich zurückzufallen auf seinen gepanzerten Rücken. Keinen Gedanken verschwendet der Käfer an den Grund der Verwandlung oder an die Probleme, die daraus entstehen, sondern malt sich aus, wie er dem Chef gegenüber seine Kündigung ausgesprochen hätte.

Nüchtern überlegt der Käfer, welche Methode er zum Verlassen des Bettes am besten anwenden sollte, um seinen Kopf nicht zu verletzen. Schließlich muss der Käfer selbst lächeln, als er sich vorstellt, vom Vater und dem Dienstmädchen aus dem Bett gehoben zu werden.

Das komische Missverhältnis von Denken, Handeln und Sein wird besonders deutlich, als Gregor „sich von innen an den festgeriegelten Türflügel [lehnte], sodass sein Leib nur zur Hälfte und darüber der seitlich geneigte Kopf zu sehen war" (18.22–25), und dem Prokuristen mitteilt, dass er sich „gleich anziehen, die Kollektion zusammenpacken und wegfahren [werde]" (19.8–10). Ein Käfer mit einem Koffer, in dem sich die Tuchwaren befinden, auf dem Weg zur Eisenbahn! Wenn Kafka ausdrücklich verlangte, dass man von dem Käfer kein Bild anfertigen solle, so hat dies auch damit zu tun, dass man sich die lächerlichen Gedanken des Käfers bildlich in der eigenen Vorstellung machen solle.

Entstehung der Erzählung und Äußerungen Kafkas

KURZINFO

Spiegel innerer Konflikte

- Die Entstehung der zweiten Erzählung Kafkas, die nach der Erzählung *Das Urteil* den Vater-Sohn-Konflikt überdeutlich thematisiert, ist durch zahlreiche biographische Zeugnisse gut dokumentiert.
- Viele Details der Erzählung spiegeln private Konflikte wider. Franz Kafka identifiziert sich innerlich so stark mit der Erzählung, dass er sich in einem Gespräch sehr betroffen äußert, als habe es sich um eine wirkliche Begebenheit gehandelt.

Die Erzählung *Die Verwandlung* ist das längste vollendete Prosawerk Kafkas, auch wenn er sie „eine kleine Geschichte" nennt. Über ihre Entstehung sind wir durch den Briefwechsel Kafkas mit Felice Bauer gut informiert. Felice Bauer, die aus einer jüdischen Familie stammte, war Kafkas erste ernsthafte Liebesbeziehung. Am 13. August 1912 lernte er sie bei einem Besuch bei seinem Freund Max Brod kennen. Bevor er sie nach einem halben Jahr wiedersah, entwickelte sich ein intensiver Briefwechsel. Vom September 1912 bis zur endgültigen Trennung im Oktober 1917 schrieb Kafka ihr hunderte Briefe. Er verlobte sich zweimal mit ihr und hatte die Absicht, sie zu heiraten.

Felice Bauer

> „Die Idee zur VERWANDLUNG ereilte Kafka genau dort, wo seinen Helden der Schock der Verwandlung selbst ereilt: im Bett, nach dem Erwachen. Es war der 17. November 1912, ein Sonntag. Kafka hatte keine Lust, sich zu erheben, er hatte zu überhaupt nichts Lust." (Stach, 2002, S. 212)

Die Idee zur Erzählung

Von seiner Familie fühlte er sich missverstanden, am 8. Oktober hatte er in einem Brief an Max Brod mit dem Gedanken an Selbstmord gespielt, vom Vater verachtet, von seiner Geliebten hatte er seit Tagen keinen Brief erhalten.

> „Was war es, was Kafka in dieser finsteren Stunde aufging und ihn sogleich ‚innerlichst bedrängte', wie er noch am Abend an Felice schrieb. Das Bild eines Käfer-Ich in einem Menschenbett? […]

> Was demnach Kafka an jenem Morgen bedrängte und überwältigte, war – so muss man vermuten – nicht die längst vertraute Vorstellung einer Tierverwandlung, sondern die Einsicht, dass die Tiermetapher, und insbesondere das Bild des nichtigen, niederen Tiers […] eine Zentralmetapher seiner Existenz war." (Ebd., S. 213 f.)

Das Tier als zentrale Metapher

Beginn des Schreibens

Am 17.11.1912 erwähnt Kafka in einem Brief an Felice zum ersten Mal die „kleine Geschichte", die er „niederschreiben werde" und die ihn „innerlichst bedrängt" (*Briefe an Felice*, S. 102). Schon in der Nacht zum 18.11.1912 ergänzt er in einem weiteren Brief:

> „Meine Liebste, es ist ½ 2 nachts, die angekündigte Geschichte ist bei weitem noch nicht fertig, am Roman [gemeint ist der Roman *Amerika*] ist heute keine Zeile geschrieben worden, ich gehe mit wenig Begeisterung ins Bett. Hätte ich die Nacht frei, um sie, ohne die Feder abzusetzen, durchschreiben zu können bis zum Morgen! […] Aber ich muß ins Bett, denn ich habe gestern nacht schlecht, heute bei Tag fast gar nicht geschlafen und in gar zu jammervollem Zustand darf ich doch nicht ins Bureau gehn." (Ebd.)

„Eine ekelhafte Geschichte"

Doch schon bald weitet sich diese Erzählung aus. Und am 23.11.1912 schreibt Kafka an Felice, „die Geschichte ist ein wenig fürchterlich. Sie heißt ‚Verwandlung' sie würde Dir tüchtig Angst machen" (ebd., S. 116). Dann fährt er fort: „Dem Helden meiner kleinen Geschichte ist es aber auch heute gar zu schlecht gegangen und dabei ist es nur die letzte Staffel seines jetzt dauernd werdenden Unglücks." Schon einen Tag später teilt er Felice mit, es sei „eine ausnehmend ekelhafte Geschichte […]. Sie ist jetzt schon ein Stück über ihre Hälfte fortgeschritten […], aber ekelhaft ist sie grenzenlos" (ebd., S. 117). Tatsächlich hat Franz Kafka Felice die Erzählung erst sehr viel später zu lesen gegeben.

Der Mittelteil der Erzählung wird in der Nacht des 30./31. November geschrieben. Wie tief er nun gefühlsmäßig in die Geschichte eingedrungen ist, macht ein Brief vom 1. Dezember deutlich: „[…] das Herz will mich mit Klopfen weiter in sie hineintreiben, ich aber muß versuchen, mich so gut es geht aus ihr herauszubringen […]." (Ebd., S. 147)

Mitleid mit Gregor

Wahrscheinlich in der Nacht vom 5. zum 6. Dezember 1912 ruft Kafka Felice in seinem Brief auf: „Weine, Liebste, weine, jetzt ist die Zeit des Weinens da! Der Held

meiner kleinen Geschichte ist vor einer Weile gestorben. Wenn es Dich tröstet, so erfahre, daß er genug friedlich und mit allen ausgesöhnt gestorben ist. Die Geschichte selbst ist noch nicht ganz fertig, ich habe keine rechte Lust jetzt mehr für sie und lasse den Schluß bis morgen.“ (Ebd., S. 160)
Dass Kafka seine Erzählung hier nicht sofort weiterführt und auch später mit der Fortsetzung nicht zufrieden ist, mag mit dem Perspektivenwechsel an dieser Stelle zu tun haben. Nach Gregors Tod muss Kafka die Erzählperspektive, also die Sicht Gregors auf die Geschehnisse verlassen. Ein auktorialer Erzähler übernimmt die Darstellung der weiteren Handlung.

Unzufriedenheit mit dem Schluss der Erzählung

Einen Tag später vom 6. zum 7. Dezember teilt Kafka Felice mit: „Liebste, also höre, meine kleine Geschichte ist beendet, nur macht mich der heutige Schluß gar nicht froh, er hätte schon besser sein dürfen, das ist kein Zweifel.“ (Ebd., S. 163) Am 19. Januar 1914 kommt er in seinem Tagebuch noch einmal auf den Schluss der Erzählung zurück: „Großer Widerwillen vor ‚Verwandlung‘. Unlesbares Ende. Unvollkommen fast bis in den Grund. Es wäre viel besser geworden, wenn ich damals nicht durch die Geschäftsreise gestört worden wäre.“ (*Tagebücher 1919–1923*, S. 220)
Am 11. April 1913 schreibt Kafka dem Verleger Kurt Wolff:

> „‚Der Heizer‘, ‚die Verwandlung‘ (die 1 ½ mal so groß ist wie der Heizer) und das ‚Urteil‘ gehören äußerlich und innerlich zusammen, es besteht zwischen ihnen eine offenbare und noch mehr eine geheime Verbindung, auf deren Darstellung durch Zusammenfassung in einem etwa ‚Die Söhne‘ betitelten Buch ich nicht verzichten möchte.“ (*Briefe 1902–1924*, S. 116)

Erst im Oktober 1915, also drei Jahre nach ihrer Entstehung, erschien die Erzählung in der von René Schickele herausgegebenen literarischen Zeitschrift *Die weißen Blätter*. Einen Monat später wurde sie als eigener Band in Kurt Wolffs Reihe *Der jüngste Tag* mitten im Ersten Weltkrieg veröffentlicht.

Vater-Sohn-Konflikt: Parallelen zu Kafkas *Brief an den Vater*

Wer Kafkas Erzählungen untersucht, stößt in vielen von ihnen auf einen zentralen Konflikt, der sich auch in der Biographie widerspiegelt: das Verhältnis zum Vater. So wird zu einem entscheidenden Schlüssel des persönlichen Konflikts einer der berühmtesten Briefe der deutschen Literatur, Kafkas *Brief an den Vater*.

In seinem Buch *Verkommene Söhne, mißratene Töchter* gibt der Schweizer Professor Peter von Matt einen literaturgeschichtlichen Überblick zu dem Thema „Familiendesaster in der Literatur“. Von Matt weist aufgrund von Briefen nach, dass „Kafka [...] sich selbst bis zu seinem Tod entschieden und kompromißlos als mißratenen Sohn vor dem verurteilenden Vater“ definiert, „mißraten gar – und auch dies noch schuldhaft – in seiner körperlichen Beschaffenheit“ (von Matt, 1995, S. 288).

Kafka, der „missratene“ Sohn

Ein lebenslanger Konflikt mit dem Vater

Tatsächlich ist Franz Kafkas Konflikt mit seinem Vater ein sein ganzes Leben durchziehendes Thema, das sich in dem berühmten *Brief an den Vater* entlädt. Unmittelbarer Anlass für diesen 104 Seiten langen Brief war die Auseinandersetzung Kafkas mit seinem Vater im September 1919 über die geplante Hochzeit mit seiner Verlobten Julie Wohryzek. Der Vater bot dem Sohn höhnisch an, ihn in ein Bordell zu begleiten, damit er nicht eine x-Beliebige heiraten müsse. Tatsächlich fand die ursprünglich für November geplante Hochzeit nicht statt. In dieser Zeit verfasste Kafka seinen *Brief an den Vater*. Er arbeitete zwei Wochen daran. Die Mutter sollte ihn dem Vater übergeben, doch diese weigerte sich. 1920 plante Kafka selbst, ihn zu überreichen, doch erkannte er wohl die Brisanz. Er glaubte nicht mehr daran, dass dieser Brief auf Verständnis des Vaters stoßen oder gar Anlass zu einer Aussöhnung sein könnte. Er übergab ihn an Milena Jesenská, seine enge Freundin in dieser Zeit. Kafka verstand diesen Brief allmählich eher als literarischen autobiographischen Text, der zugleich einen Generationenkonflikt thematisierte. Indirekt wird dies auch daran deutlich, dass der Brief maschinenschriftlich abgeschrieben wurde, obgleich die handschriftliche Fassung eine Reinschrift – fast ohne Korrekturen – war. Dies geschah vorwiegend bei Texten, die Kafka für die Veröffentlichung vorgesehen hatte. Kafka schildert in dem Brief das Verhängnis zweier Menschen, die mit völlig unterschiedlichen Eigenschaften, Vorstellungen und Lebensentwürfen aufeinanderprallen.

> „Vergleiche uns beide: ich, um es sehr abgekürzt auszudrücken, ein Löwy mit einem gewissen Kafka'schen Fond, der aber eben nicht durch den Kafka'schen Lebens-, Geschäfts-, Eroberungswillen in Bewegung gesetzt wird, sondern durch einen Löwy'schen Stachel, der geheimer, scheuer, in anderer Richtung wirkt und oft überhaupt aussetzt. Du dagegen ein wirklicher Kafka an Stärke, Gesundheit, Appetit, Stimmkraft, Redebegabung, Selbstzufriedenheit, Weltüberlegenheit, Ausdauer" (*Brief an den Vater*, S. 7).

Der dominante Vater

Dieser kraftvolle Vater ist es, der nach Gregors Verwandlung wieder die Macht in der Familie ergreift, vor dem das Ungeziefer dann flieht, weil es sich nicht verständlich machen kann. Auch hier zeigt sich eine Parallele in dem Brief, wenn Franz Kafka klagt:

> „Die Unmöglichkeit des ruhigen Verkehrs hatte noch eine weitere eigentlich sehr natürliche Folge: ich verlernte das Reden. Ich wäre ja wohl auch sonst kein großer Redner geworden, aber die gewöhnlich fließende menschliche Sprache hätte ich doch beherrscht. Du hast mir aber schon früh das Wort verboten. Deine Drohung: ‚kein Wort der Widerrede!' und die dazu erhobene Hand begleiten mich schon seit jeher." (Ebd., S. 17)

Franz Kafka erinnert sich in dem Brief, wie sein Vater ihm als Kind Angst und Schrecken eingejagt hat, eine Parallele zu dem Käfer, den der Erboste um den Tisch herum verfolgt.

> „Schrecklich war es auch, wenn Du schreiend um den Tisch herumliefst, um einen zu fassen, offenbar gar nicht fassen wolltest, aber doch so tatest und die Mutter einen schließlich scheinbar rettete. Wieder hatte man einmal, so schien es dem Kind, das Leben durch Deine Gnade behalten" (ebd., S. 18 f.).

Die Rolle der Mutter

So wie die Mutter in der Erzählung *Die Verwandlung* immer in Bezug zum Vater steht, bildlich sogar mit ihm verschmilzt, so sieht auch Franz Kafka im *Brief an den Vater* seine Mutter:

> „Es ist wahr, daß die Mutter grenzenlos gut zu mir war, aber alles das stand für mich in Beziehung zu Dir, also in keiner guten Beziehung. Die Mutter hatte unbewußt die Rolle eines Treibers in der Jagd. Wenn schon Deine Erziehung in irgendeinem unwahrscheinlichen Fall mich durch Erzeugung von Trotz, Abneigung oder gar Haß auf eigene Füße hätte stellen können, so glich das die Mutter […], durch vernünftige Rede […], wieder aus und ich war wieder in Deinen Kreis zurückgetrieben, aus dem ich sonst vielleicht, Dir und mir zum Vorteil, ausgebrochen wäre." (Ebd., S. 23)

Wortwahl und Ereignisse, die Kafka in der Erzählung *Die Verwandlung* verwendet hat, tauchen also Jahre später in dem Brief auf und zeigen in beklemmender Weise die Verarbeitung von Erlebnissen. Die Einstellung des Prokuristen gegenüber Gregor, seine Vorwürfe im Hinblick auf die Arbeit finden ihre Entsprechung in dem Brief: „Deine ständige Redensart hinsichtlich eines lungenkranken Kommis: ‚er soll krepieren, der kranke Hund!' Du nanntest die Angestellten ‚bezahlte Feinde'." (Ebd., S. 27)

Schreiben als Therapie

Die Loslösung vom Vater gelingt nur im Schreiben, dennoch plagen Franz Kafka auch hier Schuldgefühle: „Richtiger trafst Du mit Deiner Abneigung mein Schreiben und was, Dir unbekannt, damit zusammenhing. Hier war ich tatsächlich ein Stück selbstständig von Dir weggekommen, wenn es auch ein wenig an den Wurm erinnert, der, hinten von einem Fuß niedergetreten, sich mit dem Vorderteil losreißt und zur Seite schleppt." (Ebd., S. 41 f.)

Im Rückblick auf seine Schulzeit kritisiert er seine eigene „kalte, kaum verhüllte, unzerstörbare, kindlich hilflose, bis ins Lächerliche gehende, tierisch selbstzufriedene Gleichgültigkeit" (ebd., S. 43).

Während Gregor sich ohne Übergang, ohne eigenes oder äußeres Zutun zu einem Käfer verwandelt findet, allerdings nach krankheitsbedingten Ursachen sucht, bemerkt Franz Kafka in seinem Brief eine allmähliche Veränderung bei sich selbst. Die Frage: „Was war das alles? Nicht eigentlich körperliche Krankheit?" stellt sich in ähnlicher Weise auch Gregor kurz nach dem Aufwachen: „Was ist mit mir geschehen?" (5.12)

Kafkas Sorgen um seine Gesundheit

> „Mich beschäftigte nur die Sorge […] um meine Gesundheit; es fieng leicht an, hier und dort ergab sich eine kleine Be-

fürchtung wegen der Verdauung, des Haarausfalls, einer Rückgratsverkrümmung u.s.w., das steigerte sich in unzählbaren Abstufungen, schließlich endete es mit einer wirklichen Krankheit. Was war das alles? Nicht eigentlich körperliche Krankheit. Aber da ich keines Dinges sicher war, von jedem Augenblick eine neue Bestätigung meines Daseins brauchte, […] wurde mir natürlich auch das Nächste, der eigene Körper unsicher; ich wuchs lang in die Höhe, wußte damit aber nichts anzufangen, die Last war zu schwer, der Rücken wurde krumm; ich wagte mich kaum zu bewegen oder gar zu turnen, ich blieb schwach" (ebd., S. 43 f.).

Rezeption der Erzählung

KURZINFO

Ein schweres Erbe

- Zu Lebzeiten ist Kafka wenig bekannt.
- Sein Nachlassverwalter Max Brod ignoriert Kafkas Wunsch, seine Werke zu vernichten, und gibt ab 1950 Kafkas *Gesammelte Werke* heraus.
- *Die Verwandlung* wird ausführlich besprochen, verfilmt und als Vorlage für das Theater benutzt.

Kurz nach dem Erscheinen der Erzählung bespricht der Prager Schriftsteller Eugen Löwenstein Kafkas Erzählung und sieht als zentrales Thema das Vaterproblem:

> „Alles, was wir in Gregor Samsas Lebensgeschichte als Verhängnis ansehen, kann auf diese Linie, welche sich mit der Ablösung vom Vater befaßt, zurückgeführt werden. […] Man kann Gregor zu jenen Menschen zählen, welche die Kinderstube ewig mit sich herumtragen und die den befreienden Weg aus dieser Enge niemals finden können."
> (Zit. nach: Born [Hrsg.], 1979, S. 66 f.)

„Logik des Wunderbaren"

Der Literaturwissenschaftler Oskar Walzel geht am 6. Juli 1916 im *Berliner Tageblatt* auf Kafkas Erzählung ein und sieht darin die „Logik des Wunderbaren". Er betont, dass nur die Verwandlung etwas von einem „Wunder" an sich habe, alles andere folge mit logischer Konsequenz: „Kafka wirft seine Leser mit dem ersten Satz ins Wunderbare hinein. […] Doch nachdem uns einmal das Unglaubliche zugemutet ist, […] nimmt Kafka für keinen einzigen Zug der weiteren Erzählung noch ein anderes Wunder in Anspruch." (Zit. nach: Ebd., S. 147)
Den positiven Kritiken stehen allerdings auch solche gegenüber, die die Erzählung eher ablehnen. Robert Müller kritisiert die Erzählung als misslungenes Experiment: „Die Hypothese, die alle biomechanische Wahrscheinlichkeit aufhebt, wirkt nicht fördernd; es gefällt als geistreiches, fleißig und lückenlos überdachtes Spiel, aber die Zumutung ist zu groß." (Zit. nach: Ebd., S. 72)
Zu seinen Lebzeiten war Kafka recht wenig bekannt, was daran lag, dass er nur wenige Erzählungen zur Veröffentlichung freigegeben hatte. Er verfügte, dass nach seinem Tod alle unveröffentlichten Werke, darunter seine Romane, vernichtet werden sollten. Max Brod, der

dies als Nachlassverwalter übernehmen sollte, setzte sich über Kafkas Testament hinweg und gab von 1950 bis 1974 Kafkas *Gesammelte Werke* heraus.

Bücherverbrennung

Im Dritten Reich waren Kafkas Werke verboten und fielen den Bücherverbrennungen zum Opfer. Weltweit bekannt wurden Kafkas Romane und Erzählungen seit den 1950er-Jahren. Seither hat die Kafka-Rezeption und -Interpretation einen ungeheuren Aufschwung genommen.

Adaptationen der Erzählung

Die Erzählung *Die Verwandlung* ist seitdem verfilmt worden, als Graphic Novel erschienen und vielfach als Vorlage für das Theater genutzt worden. Der tschechische Regisseur Jan Němec folgte in seinem deutschen Fernsehfilm *Die Verwandlung*, der am 30. Oktober 1975 vom ZDF ausgestrahlt wurde, vor allem in der Chronologie der Ereignisse und im Wortlaut der Vorlage Kafkas, zudem hielt er sich an Kafkas Vorgabe, den Käfer nicht zu zeigen. So hört der Zuschauer zwar Gregors Stimme, er folgt der Perspektive des Käfers, etwa wenn dieser von der Decke herabblickt oder aus der Froschperspektive die handelnden Personen beobachtet, aber man sieht ihn nicht. Sein Erscheinen spiegelt sich nur in den entsetzten Gesichtern der Familienmitglieder.

Interpretation durch den Film

Der Film interpretiert die Erzählung als ödipalen Konflikt, dabei wird die Konkurrenz von Vater und Sohn um die Mutter stärker herausgearbeitet. Um diesen Konflikt glaubhafter zu machen, sind Gregors Eltern jünger und tatkräftiger als in der Erzählung. Auch Gregors Tod folgt dem Motiv der erotischen Spannung. Die alte Witwe, die Gregors Tod feststellt, ist deutlich jünger. Bevor sie die Leiche Gregors in einer Kiste verstaut, hat sie offenbar den Apfel aus dem Körper entfernt, betrachtet ihn kichernd, um ihn dann mit einer Miene des Triumphes in die Kiste zu werfen. Lachend springt sie so lange auf dem Kistendeckel herum, bis dieser sich schließen lässt. Auch die Zimmerherren betrachten unter hämischem Gelächter den toten Körper in der Kiste. Die Lüsternheit in den Gesichtern und ihre Gestik zeigen, dass sie in Gregor den Nebenbuhler gesehen haben, der nun aus dem Weg geräumt ist und den Weg zur Schwester, zu einem erotischen Abenteuer, öffnet. Um Gregors Nähe zur Biographie Kafkas zu verdeutlichen, ist sein Bild in der Uniform ersetzt durch ein großes Bild von Kafka selbst.

Deutungsansätze

Metapher und Parabel

KURZINFO

Die Unmöglichkeit der eindeutigen Entschlüsselung

- *Die Verwandlung* ist angesichts der vielfachen und widersprüchlichen Deutungsoptionen, die der Text bietet, selbst eine Verwandlungsgeschichte.
- Der Vater-Sohn-Konflikt ist eng mit der literarischen Epoche des Expressionismus verknüpft.
- Der Ausdruck „kafkaesk" steht für das Surreale, Rätselhafte, Unheimliche und Bedrohliche.
- Einige Rezensenten sehen die Erzählung in der Tradition der Novelle.
- Biographische Deutungen stellen Kafkas Probleme mit seinem Vater in den Mittelpunkt.
- Psychoanalytische Deutungen betonen die Nähe zur Theorie Sigmund Freuds.
- Soziologische Deutungen sehen Gregor als ein Opfer der Ausbeutung.
- Andere sehen die Erzählung als eine Darstellung der beklemmenden eingeschränkten Kommunikation und Rollenkonflikte in der Familie.

Metaphern

Metaphern sind Mittel für eine übertragene, also uneigentliche Sprechweise, die darauf basiert, dass das eigentliche Wort durch ein anderes ersetzt wird. Dieses Wort muss in der Lage sein, „den gemeinten Begriff dank seiner sachlichen oder gedanklichen Ähnlichkeit auszudrücken" (Meid, 2001, S. 335). Die Begriffe müssen also in einem entscheidenden Aspekt vergleichbar sein. Wenn Achill als Löwe in der Schlacht bezeichnet wird, so sind Achill und der Löwe in ihrem Mut und ihrer Angriffslust vergleichbar.

Schon früh haben Interpreten Kafkas Erzählung als Metapher aufgefasst und als Grundlage für das ungeheure Ungeziefer die Beschimpfung „Ungeziefer" gesehen, die Kafkas Vater für den Freund Kafkas, den Schauspieler Löwy, verwendet hat. Der Vater lehnte auch bei seinem Sohn jede künstlerische Betätigung ab und sah offensichtlich die Gemeinsamkeit von Löwy und Ungeziefer im parasitenhaften Dasein des Künstlers und des Ungeziefers.

Der Kafka-Interpret Anders sieht als besondere Methode Kafkas, dass dieser eine Schimpfmetapher in die Realität umsetzt. Er schreibt dazu, Kafka „schöpft aus dem vorgefundenen Bestand, dem Bildcharakter, der Sprache. Die metaphorischen Worte nimmt er beim Wort" (Anders, 1951, S. 40).

Fingerhut entwickelt diesen Gedankengang weiter, wenn er die Verwandlung aus der Biographie Kafkas deutet. „Die Idee zu der Geschichte kam Kafka, als er – wegen ausbleibender Briefe Felices – das Bett nicht verlassen mochte. Die ‚kleine Geschichte' ‚bedrängt' ihn ‚innerlichst' [...]. Er erwarte nicht, bekennt er Felice, durch das Schreiben ‚klug zu werden', wohl aber, eine ‚Ahnung des Glücks zu bekommen'. Ahnung des Glücks kann sich als Ausstieg aus Belastendem (Familie, Heirat, Brotberuf), aber auch als Glück des Schreibens selbst ereignen. Beides ist in *Die Verwandlung* angelegt." (Fingerhut, 1996, S. 89)

Ahnung des Glücks durch das Schreiben

Kafka und der Expressionismus

Merkmale des klassischen Expressionismus

Kafka wird häufig eine gesonderte, nicht an Epochenmerkmalen festzumachende Stellung in der Literaturgeschichte zugesprochen. Dennoch weisen wichtige thematische und inhaltliche Akzente seiner Erzählungen auf den Expressionismus hin.
Walter Sokel, einer der fundiertesten Kenner der Literatur von Kafka, sieht gerade in den beiden Erzählungen *Das Urteil* und *Die Verwandlung* Merkmale des „klassischen Expressionismus" und die Erzählung *Die Verwandlung* geradezu „zum Kern des Expressionismus" führt und eine „Gipfelleistung expressionistischer Kunst darstellt" (Sokel, 1970, S. 63).
„Im Expressionismus begegnen wir einem Gefühl der Unzulänglichkeit und Isolierung des Dichters [...]. Viele Expressionisten betrachten sich als intellektuelle Ungeheuer, unfähig eine Beziehung zu gewöhnlichen Menschen herzustellen." (Ebd., S. 110) Sokel betont, dass Kafka die Verwandlung als „physisch, objektive Tatsächlichkeit" darstellt. „So schafft er ein eigenes Universum, das genau wie der Traum zwar Ähnlichkeit mit unserer empirischen Welt aufweist, aber mindestens von einem eigenen, besonderen Gesetz beherrscht wird." (Ebd., S. 64)
Das Thema des Vater-Sohn-Konflikts, der in vielen Erzählungen Kafkas eine Rolle spielt, ist eng mit der

literarischen Epoche des Expressionismus verknüpft. Die Umbrüche in der Gesellschaft, die Krise der bürgerlichen Gesellschaft, der sich andeutende Untergang einer von Autorität geprägten Epoche spiegeln sich in der Vater-Sohn-Thematik der Dramen, Erzählungen und Gedichte des Expressionismus.

Kafka – Das Kafkaeske

Für Kafkas Schaffen hat sich bis in die Umgangssprache das Adjektiv „kafkaesk" eingebürgert. Zwar bleibt das Adjektiv auch im allgemeinen Sprachgebrauch sehr diffus, doch sind einige wiederkehrende Aspekte damit verbunden. So bezeichnet der Ausdruck das Surreale, Rätselhafte, das Unheimliche und Bedrohliche. Der Inhalt der Werke ist ernsthaft und die Sprache puristisch klar. Den Autor wiederum sieht man als bedrückenden Visionär, der verschlüsselte und kaum zu enträtselnde Bilder ungeheuerlicher Geschehnisse formuliert.
Zugleich vermittelt das Adjektiv „kafkaesk" die Problematik einer Deutung seiner Werke. Schon die abgrenzende Terminologie, die die Bildlichkeit einzelner Werke, einzelner Figuren oder den Gesamtgehalt seines Schaffens bestimmen will, ist strittig:

> „Allegorie, Symbol, Gleichnis, Zeichen, Chiffre, Emblem, Metapher, Sinnbild, Bild(lichkeit). Weitgehend einig ist man sich darin, eine zweite Ebene, eine doppelte Rede, ein Wörtlichnehmen des Bildcharakters der Sprache, also eine irgendwie symbolisch bestimmte Bildlichkeit anzunehmen. Uneinigkeit aber besteht über den Charakter der Symbolik. […] Gibt es einen Hintergrund religiöser, mythischer, sozialer, biographischer oder anderer Art, auf den hin man mit allegorisierender Symbolübersetzung die Texte deuten kann […]? Eindeutig jedenfalls drängen sich dem naiven wie dem reflektierenden Leser die Suche nach Sinn und Schlüssel auf, obwohl und weil sie, sich zeigend, sich wieder entziehen. […] ‚All diese Gleichnisse wollen eigentlich nur sagen, daß das Unfaßbare unfaßbar ist, und das haben wir gewußt'. In sich wiederholenden und variierenden Bildern vor allem aus den Bereichen von Landschaft, […], Wetter (Regen, Schnee, Nebel, Kälte), Licht, Luft, Boden, Nahrung, Schmutz, Krankheit, Verwandlung, Ferne, […], Vater, Kind, dazu in Tiergestalten und leblosen Dingen konkretisiert sich das Unfaßbare von Existenz und Welt, Tod und Leben." (Völker-Herzel, 1991, S. 366 f.)

Das Unfassbare

Offenheit der Deutungen

Wenn das Unfassbare unfassbar bleibt und die Leser dies wissen, dann kann es auch keine eindeutige Deutung der Erzählung geben. Nahezu alle Motive, die zuvor erwähnt werden, lassen sich in der Erzählung *Die Verwandlung* finden, ohne dass damit der Bildcharakter präzise zu entschlüsseln ist. Die Offenheit einer Interpretation spiegelt sich in den unterschiedlichen, sich zum Teil widersprechenden Deutungen wider. Kaum ein Autor hat derart umfangreiche Sekundärliteratur ‚provoziert' wie Kafka. Einige Deutungsansätze mögen die Vielfalt der Interpretationen andeuten.

Erzählung in der Tradition der Novelle

Logik des Unglaublichen

Goethes berühmte Definition, die Novelle sei nichts „anderes als eine sich ereignete unerhörte Begebenheit", wird zumindest in Hinsicht auf das Unerhörte des Ereignisses durch Gregors Verwandlung erfüllt. Folgen wir der Einschätzung vieler Interpreten, so ist der Schwerpunkt der Erzählung nicht die Verwandlung selbst, sie müssen wir als gegeben hinnehmen, wie Oskar Walzel formuliert: „[…] nachdem uns einmal das Unglaubliche zugemutet ist, daß ein Mensch im Handumdrehen sich in einen Mistkäfer verwandle, nimmt Kafka für keinen einzigen Zug der weiteren Erzählung noch ein anderes Wunder in Anspruch." (Walzel, 1916, in: Beicken, 2007, S. 131) Bedeutsam ist, wie die Umwelt auf die Verwandlung reagiert.

Damit entspricht die Metamorphose der programmatischen Forderung an die Novelle, die Theodor Storm aufgestellt hat: „Ich kann nur einzelnes sagen: nur was geschehen ist, nicht wie es geschehen ist." (Zit. nach: Freund [Hrsg.], 1993, S.7) Freund führt hierzu weiter aus: „Beherrschend ist der anonyme Prozeß, von den Betroffenen erlitten. […] Menschliches Dasein sieht sich Kräften ausgeliefert, die jeder Kontrolle, jedem Eingreifen entzogen scheinen. Gründe für das, was geschieht, sind ebensowenig ausfindig zu machen wie Sinn und Ziel des Geschehens." (Ebd.)

Storm erkennt zudem in der Novelle „die strengste Form der Prosadichtung" und die „Schwester des Dramas" (zit. nach: Krämer, 1976, S. 50). Und tatsächlich entsprechen wichtige Strukturmerkmale der Erzählung *Die Verwand-*

lung Merkmalen des geschlossenen Dramas. Neben der Einheit der Handlung und der Einheit des Ortes lässt sich auch die Einheit der Zeit feststellen. Die Erzählung beginnt an einem Morgen und endet mit dem Ausflug der Familie am Morgen nach dem Tod Gregors.
Benno von Wiese weist in seinem Sammelband *Die deutsche Novelle* (1957) nach, dass der Spielraum des novellistischen Erzählens Anfang des 20. Jahrhunderts sich eine neue Dimension eröffnet hat: „Das Indirekte der Aussage, die Möglichkeit der Ironie, […] das fragmentarische Offenlassen, […] die Verdichtung in symbolischen Zeichen, die Beschränkung auf den kleinen Raum und das Experimentierende solcher Isolierungen“ (von Wiese, 1957, S. 30).

Biographische Deutung

Kafka selbst hat nicht nur in seinen Briefen und Tagebüchern, sondern auch in Gesprächen auf biographische Elemente seiner Erzählungen hingewiesen.
Eine besondere Sammlung von Gesprächen hat Janouch in seinem Buch *Gespräche mit Kafka* 1951 vorgelegt. Diese Gespräche will er als 17-Jähriger mit Kafka geführt haben, und der hervorragende Kafka-Kenner Max Brod hielt sie für authentisch.

Samsa als Kryptogramm für Kafka

> „‚Der Held der Erzählung heißt Samsa', sagte ich. ‚Das klingt wie ein Kryptogramm für Kafka. Fünf Buchstaben hier wie dort. Das S im Worte Samsa hat dieselbe Stellung wie das K im Worte Kafka. Das A – '
> Kafka unterbrach mich.
> ‚Es ist kein Kryptogramm. Samsa ist nicht restlos Kafka. *Die Verwandlung* ist kein Bekenntnis, obwohl es – im gewissen Sinne – eine Indiskretion ist.'
> ‚Das weiß ich nicht.'
> ‚Ist es vielleicht fein und diskret, wenn man über die Wanzen der eigenen Familie spricht?'"
> (Janouch, zit. nach: Beicken, 2007, S. 72)

Biographische Deutung der Erzählung

Briefe, Tagebücher und vor allem der *Brief an den Vater* haben zahlreiche Interpreten dazu bewogen, in der Erzählung das gebrochene Spiegelbild von Kafkas eigener Situation und persönlichen Problemen zu sehen. Hartmut Binder weist in seinem hervorragenden *Kafka-Kommentar* nach, dass es vielfältige Parallelen zwischen der

Erzählung *Die Verwandlung* und Kafkas persönlicher Lebenssituation gibt. Er zitiert Kafkas Tagebucheintragungen aus dieser Zeit und zieht zu seiner Deutung auch Kafkas berufliche und familiäre Situation zu dieser Zeit heran.

> „Nun liege ich aber hier auf dem Kanapee, mit einem Fußtritt aus der Welt geworfen, passe auf den Schlaf auf, der nicht kommen will, und wenn er kommt, mich nur streifen wird, die Gelenke habe ich wund vor Müdigkeit, mein dürrer Körper zittert sich zugrunde in Aufregung, derer er sich nicht klar bewußt werden darf, im Kopf zuckt es zum Erstaunen. Und da stehen die drei Frauen vor meiner Tür, eine lobt mich, wie ich war, zwei, wie ich bin." (*Tagebücher 1910–1923*, Eintrag vom 21. November 1911; zit. nach: Binder, 1977, S. 107)

Karlheinz Fingerhut (1996, S. 83) vertieft diese Zusammenhänge, wenn er „Kafkas Schreiben als Durchdenken der biographischen Konfliktsituation" deutet und die Parallelen mit Hinweisen auf Kafkas Leben präzisiert: „[...] *Die Verwandlung* [...] kann man [...] als eine Entfaltung von Kafkas Aussteigerphantasie begreifen. [...] Gregor liebt sein durch den Beruf erzwungenes Reisen nicht. Auch Kafka ist beruflich zu Reisen gezwungen, die seinen Lebensrhythmus stören. Sein Schreiben findet statt, wenn er in sich in seinem Zimmer von der Familie abschließt." (Ebd., S. 85)

Kafkas „Aussteigerphantasie"

Wenn Gregor, der Käfer, voller Unruhe beobachtet, dass seine Mutter und seine Schwester beabsichtigen, seinen Schreibtisch, „an dem er als Handelsakademiker, als Bürgerschüler, ja sogar schon als Volksschüler seine Aufgaben geschrieben hatte" (39.17–19), zu entfernen, so spiegelt sich darin Franz Kafkas Gedankenwelt, in der das Schreiben, damit auch sein Schreibtisch, einen zentralen, fast ausschließlichen Stellenwert hat. Fingerhut unterstreicht die Deutung, dass Kafka sich in gewisser Weise mit dem Verwandelten identifiziert hat, und weist darauf hin, dass Kafka beim erneuten Vorlesen der Erzählung gerührt war.

> „Rührung basiert auf Identifikation. Wenn man nun unterstellt, Kafka selbst habe den in ein Ungeziefer verwandelten Gregor Samsa als Anspielung auf sich, dessen freies, Spuren hinterlassendes Herumkrabbeln an den Wänden

und an der Decke des Zimmers als verrätselte Anspielung auf Schreibbewegungen auf dem Papier verstanden, so wiese seine Rührung auf eine emotionale Unterwerfung unter die im Sprachsystem bereits angelegte Verurteilung als ‚Ungeziefer' hin. Der Wunsch, sich im Schreiben zu ‚verkriechen', würde bildhaft konkretisiert in dem sich im Zimmer und unter dem Kanapee verkriechenden Käfer." (Fingerhut, 1996, S. 89 f.)

Kafkas Identifikation mit dem Schicksal Gregors

Das Bild der Schwester in der Erzählung könnte geprägt sein von der Erfahrung, dass kurz vor der Niederschrift der ersten Seiten Anfang Oktober 1912 Kafka „die Erfahrung gemacht [hatte], daß seine Lieblingsschwester Ottla, die sonst immer gegen den Vater zu ihm gehalten hatte, sich auf die Seite der Familie schlug. Es ging um die unternehmerische Betreuung der Asbestfabrik, die Kafka mit seinem Schwager Karl Hermann betrieb und für die er von seinem Vater Geld geliehen hatte. Ottlas ‚Verrat', die Aufforderung an den Bruder, sich mehr um das Familienunternehmen zu kümmern, ließ ihn an Selbstmord denken." (Ebd., S. 85)
So eingängig viele Parallelen sind, so sollte man doch aus den biographischen Ähnlichkeiten nicht folgern, dass Kafka mit dieser Erzählung ein literarisches Abbild seiner eigenen Konflikte vorgelegt hat. Damit würde sich Kafkas Erzählung unzulässig auf die Darstellung eines individuellen Einzelfalls beschränken.

Psychoanalytische Deutung

Im Hinblick auf seine Erzählung *Das Urteil*, die gleichfalls einen extremen Vater-Sohn-Konflikt darstellt, notiert Kafka in seinem Tagebuch am 23. September 1912 fast ironisch auf die Spur hinweisend „Gedanken an Freud natürlich" (*Tagebücher 1910–1923*, S. 84). Kafka kannte die Schriften Freuds recht gut. Schon früh haben Interpreten die ödipale Situation in der Erzählung herausgestellt. Einen „auf Haß, Angst, Respekt, Rebellion und Machtwillen gegründeten Protest des Sohnes gegen seinen übermächtigen Vater", dem eine „erotische Fixierung an die Mutter entspricht" (Binder, 1977, S. 126).
Manche Interpreten erliegen bei diesem Ansatz der Gefahr, die Erzählung gleichsam als eine Ausgestaltung

Freud'scher Gedanken zu sehen und der Erzählung Freuds Begrifflichkeit und Theorie überzustülpen.
Sokel nutzt den psychologischen Ansatz, wenn er in Gregors Verwandlung einen vielschichtigen Verdrängungsprozess sieht. Gregor lehne sich unbewusst nicht nur gegen seinen Vater auf, sondern in gleicher Weise gegen seine Arbeit, seinen Chef und die Reglementierung, der er unterliegt. Sein Unbehagen allerdings unterdrückt Gregor:

Gregors Unbehagen an seiner Arbeit

> „In ihrem praktischen Resultat stellt die Verwandlung Gregors Weigerung dar, sich für die Familie weiter zu plagen. Er gibt mit der Verwandlung sein Fassaden-Ich […] auf und läßt eine tiefere, verborgene Tendenz in sich zum Vorschein gelangen. Er zieht sich, allerdings unbewußt, aufs Faulbett zurück und läßt die anderen für sich sorgen. Die Verwandlung funktioniert in ihrem praktischen Resultat als Flucht vor Verantwortung, Arbeit und Pflicht." (Sokel, 1983, S. 90)

Sokel erkennt in der Verwandlung Gregors dessen hoffnungslose Ich-Spaltung. Diese zeigt sich besonders dann, wenn Gregor als Käfer seine unterbewussten und verdrängten Schichten nicht mit seinem Bewusstsein kontrollieren kann. Seine erschreckenden Bewegungen werden alle von den „besten Absichten" Gregors geleitet. „Die Wirkung jedoch geht eben nicht von den Absichten, dem Bewußtsein aus, sondern von den Handlungen, dem Benehmen des Körpers, durch das die verdrängte Schicht seines Ichs zum Vorschein gelangt." (Ebd., S. 92)

Ich-Spaltung Gregors

Soziologische Deutung

Die soziologische Deutung sieht Gregor als Opfer der Ausbeutung. Er entzieht sich der Verantwortung sowie der Überwachung und reagiert auf die Unterstellung der Faulheit und Unterschlagung. Dabei reicht die gesellschaftliche Ausbeutung bis in die Familie hinein. Gregor wird fast wie ein Sklave gehalten.
Gregor, der Reisende, verweigert mit seiner Verwandlung alle Ansprüche, die der ausbeuterische Chef an ihn als Handelsvertreter stellt. Die Redegewandtheit, die man von dem Handelsvertreter verlangt, versagt, Gre-

Gregor als Opfer der Ausbeutung

gor wird nicht mehr verstanden. Zudem verliert er seine unerlässliche Beweglichkeit und Wendigkeit, die notwendige äußere Vertrauenswürdigkeit ist zum abstoßenden Äußeren geworden.

Entfremdung durch den Beruf

> „Der Beruf präsentiert sich Gregor als Entfremdung auf drei ständig wechselnden Ebenen: die Zeit ist in Termine aufgesprengt, die zu verpassen Gregor fortwährend Gefahr läuft; eine gleichmäßige und wohltuende Befriedigung des elementarsten Bedürfnisses, des Bedürfnis zu essen, ist ihm versagt; die Menschen sind bloß Objekte seiner geschäftlichen Interessen, bloß potentielle Warenkäufer, wie umgekehrt er ein Objekt ihres entsprechenden, auf preisgünstige Waren zielenden Kalküls ist. [...] Wie unmenschlich im wahrsten Sinn des Wortes diese Existenzform ist, bezeugt die Verwandlung Samsas in eine Mißgestalt: Der Mensch, dem jede Selbstverwirklichung versagt ist, verkommt zum Ungeziefer. In dieser Mißgestalt richtet Kafka die gesellschaftliche Ordnung, aus der sie hervorging – und zwar richtet er diese Ordnung bis in jenes Bauelement hinein, dessen sie zu ihrer Aufrechterhaltung bedarf: bis in die Familie." (Sautermeister, 1974, S. 101 ff.)

Rollenkonflikte und Verwandlungen

Gregor als wirtschaftlicher Motor der Familie

Vor der Verwandlung wirkt Gregor wie der wirtschaftliche Motor der Familie, der nicht nur die Lebensbedürfnisse sichert und die Schulden abbezahlt, sondern auch einen gewissen Standard (große Wohnung, Dienstpersonal, finanzielle Absicherung und Sparmöglichkeiten) ermöglicht und sogar für die Schwester ein Musikstudium ins Auge fasst. Gregor hat damit die Rolle des Vaters übernommen und ihm, dem kränklichen Patriarchen, einen wohlverdienten Lebensabend – trotz seines Bankrotts – beschert. Die besondere Zuwendung, die er seiner Schwester zukommen lassen will, lässt ihn in der Rolle des großzügigen Bruders erscheinen, der seiner noch kindlichen Schwester besonders zugetan ist.
Die gesellschaftliche Rolle des Ernährers hat Gregor allerdings erkauft mit der Rolle des abhängigen Angestellten, der einen ungeliebten Beruf hat, darüber hinaus noch kontrolliert und überwacht wird.

Übernahme der Rolle des Vaters

Warum übernimmt Gregor nun diese verhasste Rolle des Abhängigen? Fühlt er sich verantwortlich? Will er

seinem Vater beweisen, dass er mehr kann als er? Möchte er seiner Schwester als Mann imponieren? Möchte er sich durch seine Arbeit besondere Anerkennung erkaufen, die er außerhalb nicht erhält?
Die mangelnde Kommunikation innerhalb der Familie über private Schwierigkeiten oder besondere Bedürfnisse macht es schwer, eine genaue Antwort auf die Fragen zu geben. Aber einige Zeichen machen auf sehr unterschiedliche Rollenkonflikte aufmerksam, über die nicht gesprochen wird. Gregor ist, obgleich im Zentrum der Familie wohnend, einsam. Weder in der Familie noch in seinem Umkreis findet er menschliche Zuwendung. Er ist zu einem neurotischen Einsiedler geworden, dessen Interessen seltsam begrenzt sind: Laubsägearbeiten und Fahrplanstudium. Sein Verhältnis zu Frauen reduziert sich, wenn man die Schwester unberücksichtigt lässt, auf zwei flüchtige Bekanntschaften, an die er sich noch erinnert, und das Foto einer pelzbekleideten Frau, das er sogar noch nach seiner Verwandlung vor Zugriff schützt. Zugleich zeigt sich auch der Rollenkonflikt der Eltern, deren Beziehung zu ihrem Sohn von Gleichgültigkeit gekennzeichnet ist. Weder nehmen sie Gregors Hilflosigkeit wahr, noch erkennen sie seinen Widerwillen gegen den Beruf.

Gregor als neurotischer Einzelgänger

Grete wiederum, die verwöhnte und arbeitsunlustige, dafür aber vergnügungsbereite Schwester, die sich trotz ihres Alters kindlich gibt und ein wenig auf der Violine dilettiert, wird in ihrer Rolle von Gregor missverstanden: Für ihn ist sie die kleine, zu verwöhnende Prinzessin, der er ihren Traum, den Besuch des Konservatoriums, ermöglichen will, um wenigstens von ihr anerkannt und so geliebt zu werden, wie er sie – fast inzestuös – liebt.

Die Verwandlung der Familie

Die familiäre Situation nach der Verwandlung allerdings ermöglicht weitere Aufschlüsse im Hinblick auf die Rollenkonflikte der anderen Personen. Der kränkliche, entmachtete Vater entwickelt neue Aktivitäten. Er spricht mit seiner Familie und eröffnet ihr die wirtschaftliche Situation, die er bisher vor allen verheimlicht hat. Er verteidigt die Familie gegen Gregors ‚Angriffe' und nimmt wieder die Rolle des Patriarchen ein, die sich auch in seinem Äußeren, der Uniform mit goldenen Knöpfen, widerspiegelt.

Die Schwester gewinnt zunächst durch die Betreuung des Käfers eine neue Rolle. Das Selbstbewusstsein, das sie hieraus entwickelt, eröffnet ihr eine neue berufliche Perspektive. Das Violinspiel verliert an Bedeutung, viel erfolgreicher scheint Gretes Rolle als zukünftige Ehefrau zu sein, wie der Schluss zeigt, als Grete, fast provozierend, ihren jungen Körper dehnt, im Gegensatz zum Panzer ihres Bruders.
Kafkas Erzählung lässt sich als eine Darstellung der beklemmend eingeschränkten Kommunikation verstehen, die Rollenkonflikte heraufbeschwört und diese bis zur tödlichen Bedrohung eskalieren lässt.

3 Schnellcheck

Übersicht 1: Gregors Verwandlung

Übersicht 2: Die Schwester

Übersicht 3: Der Vater

Übersicht 4: Die Mutter

Übersicht 5: Die Familie nach Gregors Verwandlung

Übersicht 6: Der Vater-Sohn-Konflikt

Übersicht 7: Gregors Gefangenschaft

Übersicht 8: Das Verwandlungsmotiv

Übersicht 1: Gregors Verwandlung

Gregor am Morgen seiner Verwandlung

Gregor Samsa, ein Handlungsreisender für Tuchwaren, erwacht eines Morgens in der Gestalt eines Käfers.

- Er kann seine Verwandlung und ihre Folgen zunächst nicht richtig einschätzen. Vielmehr **klagt** er **über** die **Strapazen**, die sein **Beruf** mit sich bringt, auch über die **Repressalien**, denen er durch seinen Arbeitgeber ausgesetzt ist.
- Gregor, der seinen Beruf nur ausübt, um die **Schulden seiner Eltern** abzuzahlen, malt sich in seiner Phantasie aus, wie es wäre, wenn er **kündigen** würde – ein grotesker Gedanke angesichts seiner Tiergestalt, die ihn ohnehin daran hindern wird, weiterzuarbeiten.
- Gregors **Verwandlung** in einen Käfer **kommt** im Grunde der **Kündigung** gleich.

Gregors äußere Verwandlung

- Anfänglich versucht Gregor trotz seiner Käfergestalt noch eine menschliche Haltung zu bewahren.
- Er kann sich aber **nicht mehr verständlich machen**,
- **wird isoliert** und in seinem Zimmer eingesperrt.
- Er ist von nun an **nicht** mehr **für sich selbst verantwortlich**, seine Schwester wird ihn versorgen, später eine Bedienstete.
- Im weiteren Verlauf der Erzählung nimmt Gregor **immer deutlicher Verhaltensweisen eines Tieres** an.

Veränderung des Denkens und Fühlens

- Zunächst besitzt Gregor noch wichtige menschliche Empfindungen wie **Einfühlungsvermögen**, **Rücksichtnahme** und **Scham**.
- Erst als er **von der familiären Gemeinschaft** vollends **ausgeschlossen** wird (Räumung seines Zimmers, Verletzung durch den Vater), **verliert** er jede **Zurückhaltung**: Er **versteckt sich nicht mehr**, wenn die Schwester den Raum betritt, und scheint seine **tierische Existenz** zu **akzeptieren**.
- Als er schließlich nicht einmal mehr tierisches Essen zu sich nehmen will, erkennt er kurz vor seinem Tod in der **Musik**, dem Violinspiel der Schwester, den Weg zu der „ersehnten unbekannten Nahrung" (53.28 f.).

Übersicht 2: Die Schwester

Gretes Wandlung

Grete **versorgt** ihren **Bruder** nach seiner Verwandlung in einen hässlichen Käfer. Dabei **verändert** sie **sich selbst.**

- Vor Gregors Verwandlung war Grete ein **kindliches, verwöhntes** und **untätiges** 17-jähriges **Mädchen**, das von ihren Eltern nicht anerkannt worden ist.
- Nun, als Pflegerin ihres Bruders, **gewinnt** sie **an Ansehen, Einfluss** und **Selbstbewusstsein.**
- Ihre Eltern widersprechen ihr schließlich nicht einmal, als sie darauf drängt, Gregor zu verstoßen.

Grete als Pflegerin ihres Bruders

- Grete zweifelt nicht daran, dass ihr in der **Käfergestalt** der verwandelte **Bruder** begegnet, spricht ihn aber nicht unmittelbar an.
- Sie versorgt Gregor mit Nahrung, **ekelt sich** dabei allerdings.
- Als sich Gregor gegen die Räumung seines Zimmers wehrt, **droht** sie ihm und spricht ihn zum ersten Mal nach seiner Verwandlung direkt an, indem sie **warnend** seinen **Namen ausruft.**
- Grete will Gregors Zimmer eigentlich nur ausräumen, um ihm das Herumkriechen zu erleichtern. Allerdings verwandelt sie sein Zimmer damit auch in einen **kalten, erinnerungslosen Raum** und treibt so die Vernichtung seiner menschlichen Existenz voran.
- Sie **vernachlässigt Gregor** schließlich, da sie eine Arbeit angenommen hat und sich darüber hinaus weiterbilden möchte.

Gretes Urteil über Gregor

- Als Gregor, vom Violinspiel der Schwester angezogen, ins Wohnzimmer vordringt und die drei Mieter, die von seiner Erscheinung angewidert sind, daraufhin ihr Zimmer kündigen, **greift Grete drastisch durch**: Sie verlangt von ihren Eltern, den **Käfer nicht mehr als Gregor anzusehen** und ihn zu **verstoßen.**
- Gregor, der alles mit anhören muss, schleppt sich in sein Zimmer zurück. Rasch **verriegelt** Grete die **Tür** hinter ihm. In der folgenden Nacht stirbt er.

Übersicht 3: Der Vater

Nach dem Zusammenbruch seines Geschäfts hat sich der Vater völlig **aus dem Erwerbsleben zurückgezogen**. Für seine Schulden und den Lebensunterhalt der Familie kommt Gregor auf.

Er wirkt zu Beginn der Erzählung alt und tritt als **geschwächter, kränklicher Mann** auf.

Am Morgen der Verwandlung reagiert er verärgert: **Vorwurfsvoll** fragt er Gregor durch die verschlossene Tür hindurch, was los sei. Als der Prokurist erscheint, **fordert** er Gregor **tadelnd** auf, den Vorgesetzten unverzüglich ins Zimmer zu lassen.

Gregors Vater

Mit Gregors Verwandlung geht auch eine **Verwandlung des Vaters** einher. Er **gewinnt seine Rolle als Familienoberhaupt zurück** und die frühere körperliche Schwäche scheint vergessen: Mehrmals **begegnet** er dem **Käfer-Sohn mit brutaler Gewalt**. Angesichts der finanziellen Notlage der Familie nimmt er eine **Anstellung als Diener eines Bankinstituts** an.

Unmittelbar nach Gregors Verwandlung offenbart er seiner Frau und Tochter, dass er ohne Wissen seines Sohnes **Geld zurückgehalten** hat. Auch **von Gregors** monatlichem **Verdienst** hat er **heimlich Geld** abgezweigt und **gespart. Gregor**, der das Gespräch mit anhört, **sieht darin** allerdings **keinen Betrug**, vielmehr lobt er die Sparsamkeit des Vaters.

- Der Vater zögert zunächst, als Grete vorschlägt, Gregor zu verstoßen, lässt es dann aber geschehen: **Mit Gregor** sei, so klagt er, ohnehin **keine Verständigung** und darum kein „Übereinkommen" (57.9) möglich.
- Nach Gregors Tod fordert er seine Frau und Grete auf, „endlich die alten Sachen" (63.8) zu lassen. Gemeinsam fahren sie ins Grüne und **planen** ein **neues Leben.**

Übersicht 4: Die Mutter

Ähnlich wie der Vater wirkt die Mutter **anfangs hinfällig** und **kränklich.** Als die Familie **nach Gregors Verwandlung** in finanzielle Bedrängnis gerät, bringt sie aber immerhin die Kraft auf, **Näharbeiten für** ein **Modegeschäft** zu übernehmen.

Am Morgen der Verwandlung verhält sie sich **fürsorglich** und **verständnisvoll**, auch später ist sie **einfühlsam**, will z. B. aus Rücksichtnahme auf Gregors Gefühle sein Zimmer zunächst nicht ausräumen.

Sie **schreckt** vor dem **Anblick des** hässlichen **Käfers zurück**, erkennt in ihm jedoch den **verwandelten, hilflosen Sohn** und wartet voller **Hoffnung** auf ein gutes Ende.

Gregors Mutter

Sie **ordnet sich** ihrem **Mann unter**, sucht Zuflucht bei ihm, wenn der Käfer sich ihr nähert. Auch **gegen** ihre **Tochter** kann sie sich **nicht behaupten**: Sie fügt sich deren Entscheidung, Gregors Zimmer auszuräumen, und weiß, durch Atemnot sichtlich geschwächt, dem Todesurteil nichts entgegenzusetzen.

Sie leidet unter **Ohnmachts- und Asthmaanfällen**, vor allem, wenn sie mit dem Käfer-Schicksal ihres Sohnes konfrontiert wird. Die **Schwächeanfälle** ermöglichen ihr die **Flucht aus der grässlichen Wirklichkeit**. In einem weiteren Sinne **spiegeln** sie den **fehlenden Einfluss** der Mutter, ihre **Ohnmacht innerhalb der Familie**.

Die Mutter **nimmt Gregors Tod** schließlich als gegeben **hin**. Angesichts des Aufblühens ihrer Tochter und der günstigen Aussichten für die Zukunft scheinen Ohnmachten und atemloses Entsetzen vergessen.

Übersicht 5: Die Familie nach Gregors Verwandlung

Der Vater

Der zuvor kränkliche, entmachtete Vater übernimmt wieder die **Rolle des Familienoberhaupts.**

- Er **wehrt** die angeblichen **Angriffe** des Käfer-Sohnes brutal **ab**, um Frau und Tochter zu schützen,
- erlangt wieder die **Verfügungsgewalt über** das **Geld**,
- **verweist** die **Zimmerherrn des Hauses** und will das **Dienstmädchen entlassen.**
- Seine Rolle als Patriarch spiegelt sich auch in seinem **Äußeren**, der **Uniform**, wider.

Die Schwester

- Als Betreuerin des Käfers gelangt sie zu neuem **Selbstbewusstsein.**
- Sie gewinnt das **Ansehen ihrer Eltern**, die sich ihren Entscheidungen fügen.
- Am Ende der Erzählung ist sie eine **attraktive junge Frau**, die wohl bald heiraten wird.

Gregor

Gregor nimmt seine Familie, auch seine eigene Verwandlung und deren Folgen **nicht realistisch** wahr.

- In den **Handlungen seiner Schwester**, die sich ekelt, wenn sie den hässlichen Käfer füttert, glaubt er herzliche und rücksichtsvolle Gesten zu erkennen.
- Dass sein Vater heimlich Geld zurückgelegt hat, begreift er **nicht** als **Betrug**, vielmehr lobt er die Sparsamkeit des Vaters.

Die Mutter

Anders als ihr Mann und ihre Tochter kommt die Mutter nach Gregors Verwandlung zunächst nicht zu Kräften.

- Sie erleidet **Schwächeanfälle** beim Anblick des verwandelten Sohnes,
- sucht Hilfe und Zuflucht bei ihrem Mann, **ordnet sich** ihm und ebenso ihrer Tochter **unter**.

Erst **Gregors Tod** scheint sie zu verändern: Sie wirkt **befreit**, und wie alle anderen blickt sie nun **optimistisch** in die Zukunft.

Familienglück

Nach Gregors Tod fährt die Familie ins Grüne und plant ihre Zukunft. Man kommt zu dem Schluss, dass die Aussichten recht gut sind. Es ensteht der Eindruck, als habe erst **Gregors Tod** dieses **Familienglück ermöglicht.**

Übersicht 6: Der Vater-Sohn-Konflikt

Brief an den Vater	*Die Verwandlung*
Kafkas Vater vergleicht **Menschen** mit **Ungeziefer**, um sie herabzuwürdigen.	**Gregor** verwandelt sich in ein abstoßendes **Ungeziefer**.
Kafka beschreibt sein „Gefühl der Nichtigkeit" und führt es auf den **Einfluss des Vaters** zurück, den er als **machtbewusst** und **dominant** erlebt.	Der **Vater**, der seine Rolle als Familienpatriarch im Laufe der Erzählung zurückgewinnt, **begegnet Gregor**, dem **hilflosen Ungeziefer, mit Aggressivität** und Brutalität.
Kafka erinnert sich, dass er sich als Kind **geängstigt** hat, wenn sein Vater schreiend um den Tisch herumgelaufen ist und so getan hat, als wolle er ihn einfangen.	Auch Gregor wird von seinem Vater um einen Tisch herum verfolgt. Der Vater stößt dabei „Zischlaute aus, wie ein Wilder" (22.26). Gregor, der **um sein Leben fürchtet**, wird schließlich in sein Zimmer zurückgedrängt, wobei er sich verletzt.
Kafka schreibt in seinem Brief, dass er das **Reden verlernt** habe und in Gegenwart des Vaters schließlich ganz **verstummt** sei, weil dieser die Gespräche dominiert und ihm schon früh jede Widerrede verboten habe.	Gregor kann sich nach seiner Verwandlung in einen Käfer **nicht** mehr **verständlich machen**, weder verbal noch durch Mimik oder seine Körpersprache.

Übersicht 7: Gregors Gefangenschaft

Gregor kann sich nicht mehr verständlich machen.

- Schon **vor** der **Verwandlung** scheint Gregor nur **wenig Kontakt** mit seiner Familie und anderen Menschen zu haben.
- Die **Verwandlung** in einen Käfer **macht es** ihm dann **unmöglich, an** der **menschlichen Kommunikation teilzunehmen.**
- Er kann die anderen zwar verstehen, sich selbst aber weder verbal noch durch Mimik oder Gestik mitteilen. (Seine tierischen Ausdrucksmöglichkeiten werden von anderen Personen nicht verstanden oder falsch gedeutet.)
- Gregor ist **gefangen** und gleichsam **eingekapselt in** seinen **Gedanken, Eindrücken** und **Gefühlen.**

Gregor ist nach seiner Verwandlung in einen Käfer nicht nur hilflos, sondern auch isoliert.

Gregors Tiergestalt schreckt die Menschen ab und hindert ihn daran, sich frei zu bewegen.

- Gregor **hält** vor seiner **Verwandlung** weitgehend **Distanz zu** seiner **Familie:** Zwar liegt sein Zimmer im Zentrum der gemeinsamen Wohnung und ist durch drei Türen mit ihr verbunden, doch schließt er die Türen für gewöhnlich ab.
- **Nach** seiner **Verwandlung** in einen Käfer **distanziert sich** – nun umgekehrt – die **Familie** von ihm: Sie verschließt die Türen von außen und **sperrt Gregor,** dessen hässliche Tiergestalt sie abstößt, in seinem Zimmer **ein.**
- Auch die Wohnung kann er nicht mehr verlassen, da die **Treppe** ein **unüberwindliches Hindernis** für seine Käfergestalt darstellt.
- Durch die einen Spaltbreit geöffnete Tür nimmt Gregor später wenigstens aus der Ferne wieder am Familienleben teil. Dennoch bleibt sein **Zimmer,** einst selbstgewählter Zufluchtsort, ein **Gefängnis,** in dem er schließlich stirbt.

Übersicht 8: Das Verwandlungsmotiv

Kafka hat das Verwandlungsmotiv der Märchenliteratur entlehnt (vgl. z. B. *Der Froschkönig*). Er gestaltet es allerdings anders und weicht von den überlieferten Mustern ab.

↓

Kafka deutet das Verwandlungsmotiv so um, dass seine Erzählung als Antimärchen gelesen werden kann.

↓

Verwandlung im Märchen	Kafkas Umdeutungen
Der Erzähler spricht selten aus Sicht der verwandelten bzw. verzauberten Figur. Der **Leser kann** darum **an** deren **Gedanken** und **Gefühlen nicht teilnehmen.**	Kafkas Erzähler übernimmt Gregors subjektive Perspektive. Der **Leser kann** so **nachvollziehen, was Gregor** in seinem Käferdasein **wahrnimmt, denkt** und **empfindet.**
Märchen haben meist ein **glückliches Ende.**	Die Erzählung endet zwar im Familienglück. **Gregor hat** aber **nicht teil daran**; er stirbt zuvor.
Es wird in der Regel gesagt, **wer** für die Verwandlung **verantwortlich ist** (z. B. eine Hexe, die böse Stiefmutter).	In Kafkas Erzählung werden **weder Gründe** für die Verwandlung angegeben, **noch** wird der **Urheber** genannt.
Der Verwandelte wird **rückverwandelt,** also wieder **entzaubert** und **erlöst.**	Gregor **bleibt verwandelt** und **stirbt** schließlich **an den Folgen** seiner tierischen Existenz.
Meist ist es eine **junge Frau** oder die **Schwester**, die den Verwandelten **entzaubert** und **erlöst.**	**Gregors Schwester entzaubert** den verwandelten Bruder **nicht**. Im Gegenteil: Sie will ihn loswerden und verrät ihn schließlich.

4 Prüfungsaufgaben und Lösungen

1. Die finanzielle Situation der Familie Samsa
2. Die Wandlung des Vaters
3. Die Schwester
4. Übereinstimmungen mit Kafkas *Brief an den Vater*
5. Soziologische Aspekte der Erzählung
6. Der anstrengende Beruf
7. Vergleich mit Kafkas Erzählung *Das Urteil*
8. Interpretation von Kafkas Erzählung *Heimkehr*

1. Die finanzielle Situation der Familie Samsa

Textgrundlage

Franz Kafka, *Die Verwandlung*, S. 30.4–32.4

Aufgabenstellung

1. Erarbeiten Sie die thematischen Aspekte des Textausschnitts.
2. Zeigen Sie, welche Konflikte sich darin andeuten.

Lösungsvorschlag

Zu 1.1

- Gregors Einsatz nach dem „geschäftliche[n] Unglück“ (30.19) des Vaters ist hauptsächlich darauf ausgerichtet, dass die Familie den geschäftlichen Ruin „rasch“ (30.21) vergisst. Es geht also weniger darum, in vernünftiger Weise die Schulden wirtschaftlich zu bewältigen.
- Durch raschen Aufstieg und große Arbeitsleistung verdient Gregor durch Provisionen schnell Geld.
- Nur beim ersten Überbringen des Geldes spürt Gregor besondere Dankbarkeit und Wärme;
- später nimmt man es als selbstverständlich hin, dass Gregor Alleinverdiener ist und der Familie einen gewissen Luxus ermöglicht.
- Neben dem Wunsch, die Schulden rasch begleichen zu können, treibt Gregor noch der Traum an, seiner Schwester den Besuch des Konservatoriums zu ermöglichen.
- An der Tür horchend, erfährt Gregor, dass sein Vater Geld gerettet und zudem aus Gregors Zahlungen Geld zurückgehalten hat.
- Trotz der Einsicht, dass er mit dem Geld rascher die Schulden hätte zurückzahlen können, ist Gregor erfreut über die „Vorsicht und Sparsamkeit“ (31.36) des Vaters.

Zu 1.2

Nach dem Zusammenbruch des väterlichen Geschäfts hat Gregor unverzüglich angefangen zu arbeiten.

- Er will die „alten Forderungen“ (13.33 f.) des Chefs an seinen Vater begleichen.
- Er scheint geglaubt zu haben, dass er durch seinen Einsatz und seine großzügige finanzielle Unterstützung mit Herzlichkeit und Zuneigung durch die Familie belohnt würde.

- Die Familie reagiert dankbar, doch nicht so herzlich, wie Gregor es sich gewünscht hätte, und er beklagt die fehlende ‚menschliche Wärme'.
- Gregor hat wohl geglaubt, sich ‚menschliche Wärme' ‚erkaufen' zu können.
- Der zentrale Konflikt entsteht daraus, dass Gregor einerseits desillusioniert erkennt, dass sein aufreibendes Dasein von der Familie nicht entsprechend gewürdigt wird und dass die Arbeit, die er zu leisten hat, die Fahrten, die Angst um Verspätungen, die fehlenden menschlichen Kontakte ihn zermürben. Einen Ausweg sieht er nur im Weiterarbeiten, dies treibt ihn sogar noch als Käfer an.
- Auch in seiner Missgestalt als Käfer will Gregor seiner Schwester einen besonderen Luxus ermöglichen, nämlich den Besuch eines Konservatoriums, und will ihr dies als Weihnachtsgeschenk überreichen.
- Offenbar hofft er darauf, dass Grete ihm dies mit besonderer Zuwendung danken wird.
- Damit zeigt sich, dass Gregor seinen tiefen Fall in ein tierisches Dasein immer wieder vergisst.
- Dass er von seinem Vater betrogen worden ist, was dieser schon unmittelbar nach der Verwandlung seiner Frau und Grete mitteilt, nimmt Gregor mit positiver Zustimmung auf, er lobt sogar die vorausschauende Sparsamkeit des Vaters.
- Gregor beweist auch hiermit, dass er keinen realistischen Blick auf den Zustand der Familie entwickelt hat.
- So hat er sich wohl auch von der ‚Hinfälligkeit' der Familie täuschen lassen, die sich als durchaus arbeitsfähig erweist.
- Gregor nimmt nach wie vor die Wirklichkeit seiner Familie, aber auch seine eigene Verwandlung und deren Folgen nicht realistisch wahr.

2. Die Wandlung des Vaters

Textgrundlage

Franz Kafka, *Die Verwandlung*, S. 44.31–46.14

Aufgabenstellung

1. Ordnen Sie den Text knapp in den Zusammenhang der Erzählung ein.
2. Erarbeiten Sie die veränderte Situation des Vaters.
3. Gehen Sie auf das Bild des Vaters ein, das sich aus Gregors Perspektive ergibt.

Lösungsvorschlag

Zu 2.1
- Schwere Verwundung Gregors durch den Vater nach seinem „Ausbruch“;
- möglicherweise Einsicht des Vaters an „das Gebot der Familienpflicht“, Gregor als Mitglied der Familie zu sehen;
- Öffnung der Wohnungstür für Gregor als eine Art Wiedergutmachung;
- damit Möglichkeit der Teilnahme Gregors am Familienleben und an den Gesprächen.

Zu 2.2
a) Beschreibung:
- neue Aufgabe als untergeordneter Diener (Frühstück für die kleinen Bankbeamten holen);
- trägt Uniform, die allmählich verschmutzt;
- ist übermüdet;
- nimmt kaum noch am abendlichen Familienleben teil;
- ist eigensinnig geworden;
- muss von seiner Tochter und seiner Frau ins Bett gebracht werden;
- scheint sich selbst zur Last geworden zu sein.

b) Deutung:
- Der Vater muss offensichtlich wie Gregor eine wenig angesehene Aufgabe übernehmen;
- das anfängliche Bild des kränkelnden Vaters wiederholt sich, der Vater-Sohn-Konflikt hat beide Seiten zermürbt;
- dabei steht sein Auftreten gegenüber Gregor im Widerspruch zu der kraftlosen Müdigkeit, der Zorn über den Sohn ermöglicht neue Kräfte;
- die Uniform des Vaters erinnert an das Bild Gregors in Uniform und unterstreicht damit die Zusammengehörigkeit;

- die Uniform ist als Zeichen der neuen Aufgabe des Vaters zu sehen;
- zugleich aber auch als Panzer gegenüber seiner Umgebung;
- vergleichbar mit Gregors Käferpanzer verschmutzt die Uniform zunehmend;
- der Widerspruch zwischen allmählicher Verschmutzung der Uniform und den „stets geputzten Goldknöpfen“ (45.21) verstärkt das Scheinhafte des Auftritts.
- Wie der Käfer ist der Vater zunehmend erschöpft und
- wird sich selbst zur Last.
- Vater und Sohn scheinen ein ähnliches Geschick zu erleiden, ihre Kräfte schwinden zunehmend und ihre Erschöpfung nimmt zu. Allerdings vermag der Vater immer wieder seine alte Bedeutung und Kraft wiederzugewinnen (Verbannung der Zimmerherren, Kampf gegen Gregor, Entlassung der Bediensteten).

Zu 2.3
- Tritt für die Schuld(en) des Vaters ein, entnimmt daraus die eigene Wertigkeit in der Familie als alleiniger „Ernährer“;
- lobt den Vater für seine Vorsicht, Geld zurückgelegt zu haben, erkennt offenbar den Betrug des Vaters nicht;
- ist von der Gewaltbereitschaft des Vaters überrascht und flieht vor seinem Vater, der das Verhalten des Käfers offenbar falsch einschätzt, dabei jedoch objektiv zu Recht den aggressiven Käfer abwehren will;
- beobachtet die Vereinigung der Mutter mit dem Vater mit versagendem Blick (mögliche psychologische Deutung).
- Schluss: Möglichkeiten einer biographischen Deutung der Vaterfigur.

3. Die Schwester

Textgrundlage

Franz Kafka, *Die Verwandlung*, S. 26.9–28.17

Aufgabenstellung

1. Analysieren Sie den Textauszug.
2. Erarbeiten Sie anhand der Textstelle die Haltung Gregors gegenüber dem Geschehen und der Schwester.

Lösungsvorschlag

Zu 3.1
Nach seiner Verletzung, die er durch den Stoß des Vaters erlitten hat, findet sich Gregor in seinem Zimmer eingeschlossen, die Schlüssel stecken nun außen. Unbemerkt hat die Schwester Milch und Weißbrot in das Zimmer gestellt, doch damit keineswegs den Geschmack des Käfers getroffen.

- Aus Scham und Rücksichtnahme versteckt sich Gregor unter dem Kanapee, allerdings ist er zu breit und ragt unter dem Sofa hervor.
- Als die Schwester sehr früh in das Zimmer schaut, sucht sie zunächst den Käfer; als sie ihn dann erblickt, schlägt sie voller Schrecken die Tür zu, um aber kurz darauf zurückzukehren.
- Gregor hofft, dass die Schwester erkennt, dass er die Milch nicht angerührt hat.
- Tatsächlich trägt die Schwester die Nahrungsmittel hinaus und kommt mit verschiedenen Lebensmitteln, frischen und halbverfaulten, zurück.
- Der Käfer macht sich mit großem Hunger über Halbverfaultes her.
- Die Schwester kündigt ihr Kommen an, indem sie Geräusche mit den Schlüsseln verursacht.
- Gregor flüchtet wieder unter das Kanapee und die Schwester entsorgt alle Nahrungsmittel.

Auffällig in diesem Textausschnitt ist die Wiedergabe von Gedanken Gregors und die unvermittelt einsetzende auktorial anmutende Perspektive, die die Gefühle und Gedanken Gretes schildert.
Einerseits erfahren wir, dass Gregor „neugierig“ (27.5) ist auf das, was seine Schwester bringen würde, andererseits suggeriert der Erzähler dem Leser, Grete handle gegenüber ihrem Bruder aus Zartgefühl.

Zu 3.2

Von besonderer Bedeutung ist die Erzählhaltung in diesem Textausschnitt, die zwischen personaler Erzählweise und auktorialer Perspektive pendelt.

- Gregors Überlegungen und Gedanken lassen erkennen, dass er Hoffnungen auf eine Veränderung hegt, bis dahin jedoch Rücksicht gegenüber seiner Familie walten lassen will.
- Er nimmt zudem wahr, wie sein Tierdasein ihn gegenüber seinem Menschendasein verändert hat: Wunden heilen rascher, die Augen tränen beim gierigen Fressen, verfaultes Essen zieht er anderen Speisen vor.
- Die Gedanken der Schwester wiederum machen deutlich, dass sie, als sie Gregor nicht gleich sieht, Hoffnung hat, er könnte davongeflogen sein.
- Alle Handlungen der Schwester werden von Gregor falsch gedeutet.
- Was Grete aus Ekel, Angst und mit Überwindung macht, sieht Gregor als Zeichen von Zuwendung und liebevoller Sorge um ihn.
- Ihre Angst, mit der sie das Zimmer wieder verschließt, interpretiert Gregor als rücksichtsvolle Geste.
- Als Grete Reste vom Essen und Ungenießbares bringt, deutet Gregor dies als Güte Gretes, ebenso wie den Napf voll Wasser, den sie ihm hinstellt.
- Als sie voller Ekel die Essensreste zusammenfegt, kommt Gregor dies wie eine Verschwendung vor.
- Der Widerspruch zwischen Gregors Beobachtungen und seinen Deutungen des Geschehens zeigt deutlich, dass er noch stark in menschlichen Denkweisen verhaftet ist.
- Er erkennt nicht das Abstoßende seines Äußeren und die Abscheu, die seine Familie empfindet.

4. Übereinstimmungen mit Kafkas *Brief an den Vater*

Textgrundlage

Franz Kafka, *Brief an den Vater*, Frankfurt a.M.: Fischer Taschenbuch Verlag, 1999, S. 10 ff.

> […] aber dieses mich oft beherrschende Gefühl der Nichtigkeit (ein in anderer Hinsicht allerdings auch edles und fruchtbares Gefühl) stammt vielleicht von Deinem Einfluß. […]
> In Deinem Lehnstuhl regiertest Du die Welt. Deine Meinung war richtig, jede andere war verrückt, überspannt, meschugge, nicht normal. Dabei war Dein Selbstvertrauen so groß, daß Du gar nicht konsequent sein mußtest und doch nicht aufhörtest Recht zu haben. […]
> Unschuldige, kindliche Menschen wie zum Beispiel der jiddische Schauspieler Löwy mußten das büßen. Ohne ihn zu kennen, verglichst Du ihn in einer schrecklichen Weise, die ich schon vergessen habe, mit Ungeziefer […].
> Die Unmöglichkeit des ruhigen Verkehrs hatte noch eine weitere eigentlich sehr natürliche Folge: ich verlernte das Reden. Ich wäre ja wohl auch sonst kein großer Redner geworden, aber die gewöhnlich fließende menschliche Sprache hätte ich doch beherrscht. Du hast mir aber schon früh das Wort verboten. Deine Drohung: „kein Wort der Widerrede!" und die dazu erhobene Hand begleiten mich schon seit jeher. Ich bekam von Dir – Du bist, sobald es um Deine Dinge geht, ein ausgezeichneter Redner – eine stockende, stotternde Art des Sprechens, auch das war Dir noch zu viel, schließlich schwieg ich, zuerst vielleicht aus Trotz, dann, weil ich vor Dir weder denken, noch reden konnte. […]
> Schrecklich war es auch, wenn Du schreiend um den Tisch herumliefst, um einen zu fassen, offenbar gar nicht fassen wolltest, aber doch so tatest und die Mutter einen schließlich scheinbar rettete.

Aufgabenstellung

1. Fassen Sie zentrale Aussagen des Auszugs knapp zusammen. Entwickeln Sie dabei das Bild des Vaters und das Selbstbild, das Kafka zeichnet.
2. Diskutieren Sie Deutungsaspekte für *Die Verwandlung*.

Lösungsvorschlag

Zu 4.1

Einleitung:

- Kafkas *Brief an den Vater* ist ein bedeutsames Zeugnis der Auseinandersetzung mit seinem Vater;

- erreicht den Vater allerdings nie, offenkundig aus Befürchtungen, dass sich das Verhältnis noch verschlechtern würde;
- gilt daher mehr und mehr als literarischer Text.

Bild des Vaters:

- Er strahlt Macht aus und flößt dem Sohn das Gefühl von Nichtigkeit ein.
- Er dominiert in Gesprächen,
- zieht abstoßende Tiervergleiche, um die Freunde des Sohns zu diffamieren.
- Er ist rücksichtslos und in Diskussionen inkonsequent, zugleich rechthaberisch;
- droht seinem Sohn und bedroht ihn.

Selbstbild:

- Kafka kann sich dem Vater gegenüber in keiner Weise behaupten und
- entwickelt Minderwertigkeitsgefühle, gibt diesen sogar noch einen positiven Akzent („edles und fruchtbares Gefühl").
- Zwar erkennt Kafka die Fehler des Vaters, sieht sie aber als zwangsläufig an („mußtest").
- Die Dominanz des Vaters in Gesprächen lässt den Sohn allmählich verstummen.

Zu 4.2

Der Brief eröffnet durch eine Vielzahl von Übereinstimmungen mit der Erzählung *Die Verwandlung* die Möglichkeit einer biographischen Interpretation:

- übermächtiger Vater;
- Angst vor dem Vater, der seinen Sohn (spielerisch?) verfolgt;
- Unfähigkeit des Sohnes zur Kommunikation;
- die Mutter als Retterin;
- Hinweis auf die Verwendung der Ungeziefer-Metapher durch den Vater.

5. Soziologische Aspekte der Erzählung

Textgrundlage

Gert Sautermeister, „Die sozialkritische und sozialpsychologische Dimension in Franz Kafkas *Die Verwandlung*“, in: *Der Deutschunterricht* 26 (1974) S. 101–103.

> Der Beruf präsentiert sich Gregor als Entfremdung auf drei ständig wechselnden Ebenen: die Zeit ist in Termine aufgesprengt, die zu verpassen Gregor fortwährend Gefahr läuft; eine gleichmäßige und wohltuende Befriedung des elementarsten Bedürfnisses, des Bedürfnisses zu essen, ist ihm versagt; die Menschen sind bloß Objekte seiner geschäftlichen Interessen, bloß potentielle Warenkäufer, wie umgekehrt er ein Objekt ihres entsprechenden, auf preisgünstige Waren zielenden Kalküls ist. [...]
> Die auf privatwirtschaftlicher Grundlage entfesselte Konkurrenz zwingt jeden einzelnen Besitzer an Produktionsmitteln, die Anzahl seiner Produkte ständig zu erhöhen, das heißt zugleich: sie immer rascher und immer weiter zirkulieren zu lassen. Als seinen Agenden in der Zirkulationssphäre beschäftigt er den Reisenden, der neue Abnehmer auszukundschaften, Kaufbedürfnisse zu wecken, kurz: einen Absatzmarkt in höchster Eile und um jeden Preis zu erschließen hat. Denn, so argumentiert Gregors Vorgesetzter, ‚eine Jahreszeit, um keine Geschäfte zu machen, gibt es überhaupt nicht, Herr Samsa, darf es nicht geben‘.
> Die Tätigkeit des Reisenden – Gregor reist für Tuchwaren – ist demnach zwangsläufig jener Entfremdung ausgesetzt, die Gregor Samsa am eigenen Leib erfahren hat. Zu dieser Erfahrung gehört auch, daß er einen zweiten elementaren Trieb – den sexuellen – in die bloße Anschauung einer Photographie verflüchtigen muß: In Gregors Zimmer hängt das einer Illustrierten entnommene, sorgfältig eingerahmte Bild einer Dame. Und schließlich gehört zu dieser Erfahrung die Undurchschaubarkeit der Entstehung von Urteilen und Beurteilungen. [...]
> Wie unmenschlich im wahrsten Sinn des Wortes diese Existenzform ist, bezeugt die Verwandlung Samsas in eine Mißgestalt. Der Mensch, dem jede Selbstverwirklichung versagt ist, verkommt zum Ungeziefer.

Aufgabenstellung

1. Erarbeiten Sie zentrale Aspekte des Textauszugs und den Schwerpunkt der Deutung.
2. Nehmen Sie Stellung zu der Interpretation und entwickeln Sie eine Gegenposition.

Lösungsvorschlag

Zu 5.1

Wie die Überschrift vermittelt, geht der Verfasser von soziologischen Aspekten aus:

a) Gregors Entfremdung ist ein Resultat seiner Arbeit als Handelsreisender.
b) Im ökonomischen Prozess ist Gregor als Verteiler von Waren, die in immer rascherem Tempo hergestellt werden, verankert und muss daher ständig neue Kunden finden.
c) Die Entfremdung umfasst sowohl die Entfremdung von sich selbst als auch die Entfremdung von seiner Umgebung.
d) Die Entfremdung von sich selbst beinhaltet seine Unfähigkeit, die Grundbedürfnisse Essen und Sexualität zu befriedigen, und endet im Verlust des Menschseins.
e) Die Entfremdung von seiner Umgebung zeigt sich in der Reduzierung der mitmenschlichen Beziehungen und in der Entstehung von Vorurteilen.
f) Die Unfähigkeit zur Selbstverwirklichung führt letztlich zur tierischen Existenz.

Überleitung:

Der Verfasser sieht als zentralen Aspekt der Erzählung den ökonomischen Kreislauf, in den Gregor eingespannt ist. Der ökonomische Prozess lässt dem Einzelnen keinen individuellen Spielraum, er muss auf Persönliches verzichten. Die Entfremdung von den Mitmenschen, aber auch von sich selbst endet in einem Dasein, das dem eines Parasiten ähnelt.

Zu 5.2

Die Deutung berücksichtigt zwar einen wichtigen Akzent der Erzählung, Gregors Ablehnung seines Berufes als Handelsreisender, doch verschiebt der Verfasser den eigentlichen Schwerpunkt, den Konflikt mit dem Vater und die fehlende Zuwendung innerhalb der Familie.

Nicht die Verwandlung steht im Zentrum der Erzählung, sondern die Reaktion der Familie auf diese ungeheuerliche Veränderung. Dabei kristallisiert sich besonders der Vater-Sohn-Konflikt heraus.

Weiterer Schwerpunkt der „Verwandlung“ ist der Prozess der Verwandlung aller Familienmitglieder, allerdings spielt auch hier der ökonomische Hintergrund mit.

Die parasitenhafte Familie wird durch die Verwandlung des zentralen Ernährers zum Schmarotzer überrascht und muss ihre Aufgaben neu verteilen.

Die Deutung von G. Sautermeister verkennt zudem die vielen biographischen Merkmale der Erzählung, die dem Vater-Sohn-Konflikt einen zentralen Stellenwert in der Interpretation der Erzählung zukommen lässt. Allerdings ist Kafkas eigene Situation von ökonomischen Zwängen geprägt, so dass von hier aus der Ansatz in der vorliegenden Interpretation sicherlich sinnvoll ist.

6. Der anstrengende Beruf

Textgrundlage

Franz Kafka, *Die Verwandlung*, S. 6.4–7.3

Aufgabenstellung

1. Erarbeiten Sie zentrale Themen des Textauszugs.
2. Entwickeln Sie eine Deutung unter dem Aspekt der Schuld der Eltern.

Lösungsvorschlag

Zu 6.1

Zentrales Thema des ersten Teils sind die Klagen Gregors über die anstrengenden beruflichen Bedingungen, denen er sich stellen muss.

- Es sind einerseits organisatorische Probleme: frühes Aufstehen, Reisen, Zuganschlüsse, Essen, Abrechnungen;
- zum anderen häufen sich emotionale Probleme, die dem Handelsreisenden das Leben erschweren: fehlende Gespräche, geringe menschliche Zuwendungen, Kontrolle durch den Chef.
- Dass Gregor dies auf sich nimmt, hängt mit dem geschäftlichen Ruin des Vaters zusammen. Gregor glaubt sich verpflichtet, die Schulden der Eltern abzubezahlen.
- Es zeigt sich, dass er neidisch auf die Erfolge anderer Reisender ist und diese mit „Haremsfrauen" vergleicht. Dass er sich kein bequemeres Leben als Reisender leisten kann, führt er auf seinen strengen Chef zurück. Dies bestätigt sich durch das Verhalten des Prokuristen.
- Ohne die Verpflichtung, die Schulden abzubezahlen, behauptet Gregor längst gekündigt zu haben.
- Dies darf man aufgrund seines bisherigen Verhaltens anzweifeln.

Zu 6.2

Das Wort „Schuld" umfasst einerseits die finanziellen Schulden der Eltern, andererseits schwingt der Begriff der moralischen Schuld mit. Der Erzähler verwendet das Wort wohl auch in einem übertragenen Sinn:

- Damit wird Gregors Arbeit und sein Widerwille gegen die Arbeit einerseits in Bezug gesetzt zu den Schulden der Eltern, die Gregor mit einer Selbstverständlichkeit abarbeitet, die an Selbstverleugnung grenzt.
- Zum anderen deutet sich die Frage nach einer „Schuld" der Eltern an.

- Tatsächlich sind zunächst die Schulden die Ursache für Gregors Schicksal, doch verstärkt sich sein Leiden durch das dem Ruin folgende Verhalten der Familie.
- Keiner ist geneigt, bei der Bewältigung der Probleme zu helfen.
- Der Vater verlängert vielmehr durch das Abzweigen von Geld die Zeit, die Gregor braucht, um die Schulden begleichen zu können.
- Selbst die junge Schwester verweigert jegliche produktive Arbeit.
- Während die Schwester kindlich verspielt handelt und zunächst keine Verantwortung übernimmt, trägt Gregor die Verantwortung für die gesamte Familie.
- Erst als Käfer kann er sich gleichfalls wie ein Kind verhalten, er ist hilflos, bewegt sich krabbelnd am Boden, kann keine Verantwortung übernehmen.
- Fast scheint diese Verwandlung wie ein Protest gegen die Zwänge, denen er unterworfen ist.
- Doch auch Gregor trägt Mitschuld an seiner existenziellen Krise.
- Offensichtlich hat er ohne Rücksprache allein die Tilgung der Schulden übernommen und damit der Familie die Möglichkeit geboten, sich ‚gehen' zu lassen.
- Er hat dem Vater die Möglichkeit einer Mithilfe entzogen, so dass der Vater heimlich Vorsorge für den Fall einer Arbeitsunfähigkeit von Gregor treffen muss.
- Zudem hat Gregor durch die Übernahme aller Kosten die Position des Vaters als verantwortliches Oberhaupt der Familie übernommen.
- Er greift auch in die Entwicklung seiner Schwester ein, indem er ihr eine Zukunft als Musikerin in Aussicht stellt.

7. Vergleich mit Kafkas Erzählung *Das Urteil*

Textgrundlage

Franz Kafka, *Das Urteil*, in: F.K., *Die Erzählungen*, Frankfurt a.M.: S. Fischer Verlag, 1961, S. 27–38, hier: S. 31

> Endlich steckte er den Brief in die Tasche und ging aus seinem Zimmer quer durch einen kleinen Gang in das Zimmer seines Vaters, in dem er schon seit Monaten nicht gewesen war. Es bestand auch sonst keine Nötigung dazu, denn er verkehrte mit seinem Vater ständig im Geschäft, das Mittagessen nahmen sie gleichzeitig in einem Speisehaus ein, abends versorgte sich zwar jeder nach Belieben, doch saßen sie dann meistens, wenn nicht Georg, wie es am häufigsten geschah, mit Freunden beisammen war oder jetzt seine Braut besuchte, noch ein Weilchen […] im gemeinsamen Wohnzimmer.
>
> Georg staunte darüber, wie dunkel das Zimmer des Vaters selbst an diesem sonnigen Vormittag war. Einen solchen Schatten warf also die hohe Mauer, die sich jenseits des schmalen Hofes erhob. Der Vater saß beim Fenster in einer Ecke, die mit verschiedenen Andenken an die selige Mutter ausgeschmückt war, und las die Zeitung, die er seitlich vor die Augen hielt, wodurch er irgendeine Augenschwäche auszugleichen suchte. Auf dem Tisch standen die Reste des Frühstücks, von dem nicht viel verzehrt zu sein schien.
>
> „Ah, Georg!" sagte der Vater und ging ihm gleich entgegen. Sein schwerer Schlafrock öffnete sich im Gehen, die Enden umflatterten ihn – „mein Vater ist noch immer ein Riese", sagte sich Georg.

Anmerkung zum Kontext des Textauszugs:

Georg Bendemann, ein junger Kaufmann, schreibt „im schönsten Frühjahr" „an einem Sonntagvormittag" einen Brief an seinen Freund, der in Petersburg offenbar mit mäßigem Erfolg ein Geschäft betreibt. Nach langer Überlegung und auf die Bitten seiner zukünftigen Frau hin hat er sich durchgerungen, diesem Freund, einem Junggesellen, seine bevorstehende Hochzeit anzukündigen und ihn einzuladen. Mit dem Brief kommt Georg zu seinem Vater, dessen Geschäft er weitergeführt hat. Es kommt zu einer Auseinandersetzung über diesen Freund und Gregor erfährt, dass sein Vater angeblich schon lange mit dem Petersburger Freund in Verbindung steht, weil dies ein Sohn nach seiner Wahl gewesen wäre. Weiterhin behauptet der Vater, diesen Freund über alle Vorgänge unterrichtet zu haben. Nach den Vorwürfen des Vaters an seinen Sohn Georg, ihn aus dem Geschäft gedrängt und den Freund und ihn vernachlässigt zu haben, schuld am Tod der Mutter zu sein, eine nicht standesgemäße Heirat eingehen zu wollen und überhaupt ein „teuflischer Mensch" gewesen zu sein, spricht der Vater das Urteil über seinen Sohn: „Ich verurteile dich jetzt zum Tode des Ertrinkens!" Der Sohn stürzt sich von einer Brücke in den Fluss und ruft: „Liebe Eltern, ich habe euch doch immer geliebt."

Aufgabenstellung

1. Analysieren Sie den Textauszug.
2. Stellen Sie Verbindungen zu der Erzählung *Die Verwandlung* her.

Lösungsvorschlag

Zu 7.1

Inhalt: Der junge Kaufmann Georg Bendemann betritt nach Monaten zum ersten Mal das Zimmer seines Vaters.

Er ist überrascht über die Dunkelheit in dessen Zimmer und nimmt wahr, dass sein Vater wenig gefrühstückt hat. Erstaunt ist er zudem über die körperliche Größe seines Vaters.

Sprache: hypotaktischer Satzbau, der komplexe Inhalte und Begründungen widerspiegelt; wörtliche Rede (Gedanken und unmittelbare Äußerungen); Detailtreue, realistische Darstellung der Umgebung des Vaters.

Erzähler: personale Erzählhaltung, damit wird die Perspektive der Hauptfigur eingenommen, sie spiegelt sich auch in den Gedanken wider (wörtliche Rede).

Zu 7.2

- Namensähnlichkeit: Gregor/Georg;
- Bendemann: Im ersten Teil des Namens stehen die Vokale an derselben Stelle wie beim Namen Kafka (vgl. auch Samsa).
- Es deutet sich ein versteckter Vater-Sohn-Konflikt an, denn es scheint wenig Kontakt zwischen Vater und Sohn zu geben.
- Nach langer Zeit betritt der Sohn zum ersten Mal das Zimmer des Vaters und ist erstaunt über die Dunkelheit.
- Eine scheinbar sachliche Begründung für die fehlenden Besuche besteht darin, dass beide sich täglich geschäftlich begegnen.
- Der Verweis auf die daher fehlende „Notwendigkeit", das Zimmer zu betreten, zeigt jedoch, dass eine emotionale Beziehung Georgs zum Vater nicht besteht und
- dass die geschäftliche Begegnung die familiäre Beziehung ersetzt.
- Während in der Erzählung *Die Verwandlung* Gregor eingesperrt ist in einem dunklen Zimmer, ist hier der Vater offenbar zurückgedrängt in ein dunkles Zimmer.
- Georg ist wie Gregor überrascht über die Größe des Vaters, als sich dieser erhebt.
- Diese Beobachtung lässt sich übertragen auf Kafkas kindliche Beobachtung, dass sein Vater riesig ist.
- Wie in *Die Verwandlung* sitzt auch Georgs Vater im Schlafrock; dieses Bild verweist auf seine Ruhebedürftigkeit, vielleicht sogar Hinfälligkeit.

–
- Ob das tatsächlich zutrifft, vermag man ebenso wenig zu sagen, wie im Falle des anfangs geschwächten Vaters in *Die Verwandlung*.
- Die Reste des Frühstücks erinnern an Gregors tierische Mahlzeit, die er zum Schluss hin kaum noch anrührt.

Damit wäre ein Vergleich mit der Erzählung *Die Verwandlung* sinnvoll, zumal die Entstehungszeit beider Texte nur wenige Wochen auseinander liegt. Der Vater-Sohn-Konflikt, der in *Das Urteil* eskaliert bis hin zum Todesurteil, spielt auch dort eine zentrale Rolle. Doch im Unterschied zur Erzählung *Die Verwandlung* gibt es Gründe, seien sie vorgeschoben oder real, für das Urteil.

8. Interpretation von Kafkas Erzählung *Heimkehr*

Textgrundlage

Franz Kafka, *Heimkehr*, in: F.K., *Die Erzählungen*, Frankfurt a.M.: S. Fischer Verlag, 1961, S.327.

Ich bin zurückgekehrt, ich habe den Flur durchschritten und blicke mich um. Es ist meines Vaters alter Hof. Die Pfütze in der Mitte. Altes, unbrauchbares Gerät, ineinanderverfahren, verstellt den Weg zur Bodentreppe. Die Katze lauert auf dem Geländer. Ein zerrissenes Tuch, einmal im Spiel um eine Stange gewunden, hebt sich im Wind. Ich bin angekommen. Wer wird mich empfangen? Wer wartet hinter der Tür der Küche? Rauch kommt aus dem Schornstein, der Kaffee zum Abendessen wird gekocht. Ist dir heimlich, fühlst du dich zu Hause? Ich weiß es nicht, ich bin sehr unsicher. Meines Vaters Haus ist es, aber kalt steht Stück neben Stück, als wäre jedes mit seinen eigenen Angelegenheiten beschäftigt, die ich teils vergessen habe, teils niemals kannte. Was kann ich ihnen nützen, was bin ich ihnen und sei ich auch des Vaters, des alten Landwirts Sohn. Und ich wage nicht, an der Küchentür zu klopfen, nur von der Ferne horche ich, nur von der Ferne horche ich stehend, nicht so, daß ich als Horcher überrascht werden könnte. Und weil ich von der Ferne horche, erhorche ich nichts, nur einen leichten Uhrenschlag höre ich oder glaube ihn vielleicht nur zu hören, herüber aus den Kindertagen. Was sonst in der Küche geschieht, ist das Geheimnis der dort Sitzenden, das sie vor mir wahren. Je länger man vor der Tür zögert, desto fremder wird man. Wie wäre es, wenn jetzt jemand die Tür öffnete und mich etwas fragte. Wäre ich dann nicht selbst wie einer, der sein Geheimnis wahren will.

Aufgabenstellung

1. Analysieren Sie die Erzählung.
2. Erarbeiten Sie Interpretationsansätze unter Bezugnahme auf die Erzählung *Die Verwandlung*.

Lösungsvorschlag

Zu 8.1

a) Inhalt:

- Missglückte Heimkehr, keiner erwartet den Heimkehrenden, Erinnerungen und Vermutungen bestimmen den Blick des Ich-Erzählers.
- Scheinbarer Stillstand der Zeit und des Lebens mit Ausnahme der lauernden Katze.

- Die Gegenstände und die Katze scheinen am Betreten des Vaterhauses zu hindern.
- Zweifel überkommen den Erzähler, ob er noch von Nutzen sein kann.
- Horchen als Ausweg für Klopfen oder Eintreten.
- Auch das Horchen vermittelt keine wirklichen Informationen, sondern nur Vermutungen.
- Das Zögern vor der Tür verhindert weitere Handlungen.

b) Ich-Erzähler:
- lenkt den Blick und vermittelt durch die Sprache eine bedrohliche Atmosphäre.
- Die abschließende Frage im Irrealis ist auch an den Leser gestellt.

c) Sprache:
- Nüchterne, präzise Ausdrucksweise.
- Fragen lenken die Aufmerksamkeit des Lesers.
- Anfangs kurze Sätze, die einfache, sachliche Beobachtungen wiedergeben.
- Zum Schluss hin komplexere Satzmuster, die komplexere Gedanken widerspiegeln.
- Am Schluss zwei Fragesätze im Irrealis, der zweite Satz beantwortet nur scheinbar die erste Frage.
- Offene Deutungsmöglichkeiten.

Zu 8.2

a) Ich-Erzählung wie in *Die Verwandlung*. Perspektive aus der Sicht der Hauptperson. Dabei wird das Gefühl der Unsicherheit und des Überflüssigseins verbreitet.

b) Zimmer und Hof sind gefüllt mit Nutzlosem, Wege sind verstellt, das größte Hindernis aber ist die geschlossene Tür, die den Erzähler über das Geschehen im Inneren des Hauses im Ungewissen lässt. Nur der Rauch im Schornstein signalisiert Leben.

c) Die Wiederholung des Begriffs „Vater" deutet – im Zusammenhang mit der Angst, vor der Tür überrascht zu werden – auf einen ungelösten Konflikt hin. Der Ich-Erzähler scheint nicht nur den Gegenständen im Hof entfremdet, sondern auch der Familie, vor allem dem Vater.

d) Wie Gregor, der Käfer, lauscht auch der Ich-Erzähler, um auf diese Weise etwas über die Geheimnisse im Innern des Hauses zu erfahren. Doch dies misslingt ihm, weil die Geräusche keine Verlässlichkeit in sich bergen. Gregor dagegen nimmt durch Lauschen am Familienleben teil, doch kann er aufgrund der Verwandlung aus dem Erlauschten nicht in das Geschehen eingreifen.

Eine Parallele zwischen beiden Erzählungen ergibt sich durch die Verzögerung der existenziellen Entscheidung, in das Haus einzutreten. So hat auch Gregor vor seiner Verwandlung keine bewusste Entscheidung mit seinem Vater herbeigeführt, wie die Schuld(en) zu begleichen sind. Das Zögern hat letztlich zu der Übernahme der ungeliebten Arbeit geführt.

e) Obgleich kein Grund für das Verlassen des Hauses genannt wird, ebenso wenig wie für die Rückkehr, überkommt den Leser das Gefühl eines unbewältigten Konfliktes. So hat der Ich-Erzähler sofort das Gefühl der Unsicherheit und glaubt sich nicht willkommen.
Eine biographische Deutung der Erzählung führt hier mit Sicherheit zu weitergehenden Deutungen: Furcht vor dem Vater; Unsicherheit im Umgang mit der Familie, Sprachlosigkeit bzw. Unfähigkeit zur Bewältigung von Konflikten im Gespräch.

Literaturhinweise

Werkausgaben

Kafka, Franz: Briefe 1902–1924. Hrsg. von Max Brod. Frankfurt a.M.: S. Fischer, 1958.

Kafka, Franz: Die Erzählungen. Frankfurt a. M.: S. Fischer, 1961.

Kafka, Franz: Tagebücher 1910–1923. Hrsg. von Max Brod. Frankfurt a.M.: S. Fischer, 1973.

Kafka, Franz: Die Verwandlung. Mit einem Kommentar von Vladimir Nabokov. Frankfurt a. M.: Fischer Taschenbuch Verlag, 1986.

Kafka, Franz: Brief an den Vater. Fassung der Handschrift. Frankfurt a.M.: Fischer Taschenbuch Verlag, 1999. (8. Aufl. 2013.)

Kafka, Franz: Briefe an Felice und andere Korrespondenz aus der Verlobungszeit. Hrsg. von Erich Heller und Jürgen Born. 11. Aufl. Frankfurt a.M.: Fischer Taschenbuch Verlag, 2009.

Sekundärliteratur

Anders, Günther: Kafka. Pro & Contra. München: C. H. Beck, 1951.

Beicken, Peter: Erläuterungen und Dokumente. Franz Kafka: *Die Verwandlung*. Stuttgart: Reclam, 2007.

Binder, Hartmut: Kafka-Kommentar zu sämtlichen Erzählungen. München: Winkler, 1977.

Born, Jürgen (Hrsg.): Franz Kafka. Kritik und Rezeption zu seinen Lebzeiten. Frankfurt a. M.: S. Fischer, 1979.

Cersowsky, Peter: Mit primitivem Blick. Franz Kafka: *Die Verwandlung*. In: Winfried Freund (Hrsg.): Deutsche Novellen: Von der Klassik bis zur Gegenwart. München: Fink, 1993. S. 237–248.

Fingerhut, Karlheinz: Kafka für die Schule. Berlin: Volk und Wissen Verlag, 1996.

Freund, Winfried (Hrsg.): Deutsche Novellen: Von der Klassik bis zur Gegenwart. München: Fink, 1993.

Huinink, Johannes: Familie: Konzeption und Realität. In: Informationen zur politischen Bildung: Familie und Familienpolitik. Heft 301 (2009).

Janouch, Gustav: Gespräche mit Kafka. In: Peter Beicken, 2007. S. 71 f.

Krämer, Herbert: Theorie der Novelle. Arbeitstexte für den Unterricht. Stuttgart: Reclam, 1976.

Matt, Peter von: Verkommene Söhne, mißratene Töchter. Familiendesaster in der Literatur. München: Deutscher Taschenbuch Verlag, 1995.

Meid, Volker: Sachwörterbuch zur deutschen Literatur. Stuttgart: Reclam, 2001.

Müller, Michael: Franz Kafka: *Die Verwandlung*. In: Erzählungen des 20. Jahrhunderts. Bd 1. Stuttgart: Reclam, 1996. S. 139–159.
Politzer, Heinz: Franz Kafka. Der Künstler. Frankfurt a. M.: Suhrkamp, 1965.
Sautermeister, Gert: Die sozialkritische und sozialpsychologische Dimension in Franz Kafkas *Die Verwandlung*. In: Der Deutschunterricht 26 (1974) S. 101–103.
Schmitz-Emans, Monika: Franz Kafka. Epoche – Werk – Wirkung. München: C. H. Beck, 2010.
Sokel, Walter H.: Franz Kafka. Tragik und Ironie. Zur Struktur seiner Kunst. Frankfurt a. M.: Fischer Taschenbuch Verlag, 1983.
Sokel, Walter H.: Der literarische Expressionismus. München/Wien: Albert Langen & Georg Müller, 1970.
Stach, Reiner: Kafka. Die Jahre der Entscheidungen. Frankfurt a. M.: S. Fischer, 2002. (4. Aufl. Fischer Taschenbuch Verlag 2004.)
Stach, Reiner: Kafka. Die Jahre der Erkenntnis. Frankfurt a. M.: S. Fischer, 2008.
Völker-Herzel, Barbara: Kafka. In: Manfred Lurker: Wörterbuch der Symbolik. Stuttgart: Kröner, 1991. S. 366 f.
Wagnerová, Alena: Die Familie Kafka aus Prag. Frankfurt a. M.: Fischer Taschenbuch Verlag, 2001.
Walzel, Oskar: Logik im Wunderbaren. In: Berliner Tageblatt, 6. Juli 1916. Zit. nach: Peter Beicken, 2007. S. 130 f.
Wiese, Benno von: Die deutsche Novelle. Düsseldorf: Bagel, 1957.

Stichwortverzeichnis

Sicher im Abi - Oberstufen-Wissen
Erfolgreich durch Oberstufe und Abitur:

Der komplette Oberstufen-Stoff – umfassend und ausführlich erklärt!

- Sicher werden in jedem Fach dank gründlicher und intensiver Vorbereitung, die Basis für eine gute bis sehr gute Note!
- Auf-einen-Blick-Seiten helfen, Zusammenhänge zu verstehen
- Zusammenfassungen am Kapitel-Ende bringen das Wichtigste auf den Punkt
- Lernvideos erklären online wichtige Themen, Schnellzugriff mit QR-Codes

978-3-12-949452-3

978-3-12-949451-6

978-3-12-949475-2

978-3-12-949474-5

978-3-12-949476-9

978-3-12-949472-1

Im Buchhandel erhältlich. Weitere Informationen unter **www.klett-lerntraining.de**